JN439693

세월이 바람처럼 흘렀다

세월이 바람처럼 흘렀다

●

김연주 수필집

신아출판사

✺ 머리글

아름다운 동행

글을 쓰고 싶은 꿈이 꿈틀거렸다.

15년 전, 시골 학교에 부임했을 때다. 문학에 문외한인 내게 문예반 지도를 하라는 업무가 주어졌다. 궁리 끝에 이웃학교 문예담당 선생님의 조언을 받아가며 아이들 지도에 노력했지만, 눈앞이 깜깜하고 답답하기만 했다.

부족한 것을 채우려면 배움의 길을 찾아 나서야 했다. 야간에만 시간이 주어지는 나에게 주간의 문학강좌는 그림의 떡이었다. 하다못해 글쓰기 안내서를 사서 보았지만 내 마음을 충족시키지 못했다.

암담한 시련 속에 빠져 허우적거릴 즈음, 전주주부클럽 문예대학에서 수강생을 모집한다는 기사를 보고 접수했다. 이런 우여곡절 끝에 나의 글쓰기는 아이들을 잘 가르치기 위해 시작되었다.

늦깎이로 출발한 문학의 길. 한 발 한 발 다가선 배움의 길이 나에게 평생의 반려요 공부가 되었다. 글을 쓸 때마다 고통이 따랐지만 삶의 자양분이 되는 그 만족감과 기쁨은 늘 새로운 도전을 하게 했다. 덕분에 직장생활과 문학 활동의 열망을 한꺼번에 이룬 셈이다.

소중한 인연들과 만남은 행운이었다. 일주일에 한 번씩 열강을 하시는 김용옥 선생님의 문학세계를 들여다보면 볼수록 천상의 세계에 온 것처럼, 난 또 다른 삶을 사는 것 같았다. '끈' 동인들과 함께 아름다운 동행으로 살아가는 법을 터득하고 새로운 체험으로 성숙해지는 지난 세월은 행복했다.

무딘 연필로 내 삶의 진실을 애써 그려 보지만 평범한 삶이니 넓고 깊은 사유를 성찰하지 못해 늘 아쉽다. 그래서 아직도 나의 자화상은 미완성이다.

좋은 수필을 쓴다는 것은 곧 좋은 인생을 만들어가고 좋은 삶을 살아가는 흔적이 아닐까. 목마름에 샘을 파듯 아직도 좋은 수필이라는 희망봉을 향해 절차탁마해야 한다. 이제야 수필의 길이 내 인생의 길이고 문학의 길이라는 걸 깨닫는다.

삶의 연륜이 쌓이다 보니 어느덧 칠순. 사람답게 사는 법을 배우면서 철학적 사유를 우려내려 하지만 무지와 무능은 채찍의 효험도 없이 나를 더욱 부끄럽게 함을 느낀다. 다만 읽을만 하고 은은한 향기가 묻어나는 글이 몇 편이라도 있기를 소망한다.

가슴에 점을 찍어준 스승의 화두가 생생하다. 하루 한 날을 쓸모 있게 보내고 뼈를 깎는 아픔과 노력으로 적어도 10년 후에도 부끄럽지 않을 글을 써야 한다고. 박학다식한 재료로 더 깊은 감동과 여운을 주는 언어의 술사가 되도록 노력해야 한다고.

깜냥에 최선을 다하여 살아왔기에, 그 삶의 조각을 모아 두 번째 글집을 짓게 되어 기쁘다.

모든 분들께 감사드린다.

2007년 여름철에

김 연 주

✺ 목차

2부

3부

4부

5부

1부

마음의 복밭을 가꾸며
미리 받는 생일상
예순여섯 살의 겹잔치
지난 세월의 추억
한 권의 책을 받고
새벽시장 풍경
하얀 칠판
새천년 해맞이

마음의 복밭을 가꾸며

한여름 무더위가 기승을 부린다. 마음까지 지치게 한다. 폭폭 찌는 더위에 가만히 앉아 있어도 땀이 줄줄 흐른다. 복잡한 일상에서 잠시 벗어나고픈 충동이 일어날 정도로 답답하다.

이런 내 마음을 훤히 꿰뚫어 본 듯, 바람이라도 쐬러 가자는 전갈이 왔다. 이심전심이라 해야 할까. 나를 잊지 않고 챙기는 그 마음씨가 한없이 고맙다. 약속장소에 모인 일행 여섯 명은 승용차 한 대로 전주의 서쪽을 향해 출발했다.

넓은 들을 지나 망해사를 향해 달렸다. 김제평야의 광활한

들녘은 초록 물감을 풀어놓은 듯하다. 엊그제 모내기철 같더니 벌써 무럭무럭 벼가 자라는 소리가 들린다. 칠월의 논 색깔은 맑고 싱그러운 초록이다. 붉은머리백로가 한가하게 노니는 모습을 보니 마음이 평화스러워진다. 도로변에 환히 피어난 부용꽃이 요염하게 눈길을 끈다. 둔덕 곳곳에 하얀 개망초꽃이 레이스처럼 피어 있다. 손톱만한 개망초꽃 한 송이의 꽃잎이 100개가 넘는다나. 직접 세어 보려고 했지만 머리가 어지러울 뿐이다. 어느 곳에 가든 질펀하게 퍼진 개망초는 한국동란시 유엔군의 배낭에 묻어 왔단다. 줄기 속이 텅 비어 옥토박토 가릴 것 없이 성장력도 강해서 유휴지는 온통 개망초밭이다. 하얀 개망초꽃을 보면서 정작 속을 비워야 할 것은 우리 인간이지 싶다. 마음을 비워야 우리도 바르게 살 수 있다지 않은가. 개망초를 보며 사물을 보는 눈, 삶의 지혜를 한 가지 배운다.

탁 트인 푸른 들녘이 풍요롭다. 달리는 창밖으로 그간 짜증스럽던 마음을 훌훌 내던진다. 스트레스가 확 풀어지는 기분이다. 우렁처럼 집 밖으로 선뜻 나서지 못하고 살았는데, 이만한 나들이라면 가끔은 나를 집 밖으로 불러내야겠다 싶어진다. 문밖에서 배운 것이 얼마인가.

정농마을 앞 큰길가에 연밭이 있었다. 도저히 못 본 채 지나칠 수 없어 잠시 쉬어 가기로 했다. 환호와 함께 연당 앞에 머물러 연화향을 바람과 섞어 마셨다. 참 맛있다. 상큼한 초록

내음을 마시니 금방 내 몸이 정화되어 건강해지는 기분이다.

바람에 연잎이 쏠린다. 푸른 연잎이 은빛으로 눈부시게 하늘거린다. 넓은 연잎이 서로 부딪히며 내는 소리가 가보트 무용곡인 양 경쾌하다. 툭 터진 들녘에 연향이 번져가는 걸 느낀다. 우리 일행은 심호흡을 하며 연향을 들이마셨다.

망해사 입구에 다다르니 좌측은 벼포기가 출렁이는 초록 바다이고 우측은 물바다다. 발 아래 바다를 두고 있는 절이라서 그런지 망해사에서 부는 바람소리는 온통 파도소리다.

낙조대라 불리는 전망대에 올랐다. 멀리 탁 트인 서해바다가 마침 썰물이어서 갯벌 너머에서 뿌연 물결을 이루며 우리 일행을 맞는다. 전망대에서 바다를 바라보는 내 마음도 탁 트인다. 망해사에서 곧장 바다를 헤쳐가면 고군산 열도를 지나 중국이란다. 어쩌면 역사적으로 숭상해오던 중국땅을 향해 서서 드넓은 세계로 나가는 꿈을 꾸었던 건 아닐까. 이 생각 저 생각에 젖어 보았다.

만경강 하류와 진봉산 북쪽 기슭에 자리한 망해사. 그리 넓지 않지만 보통 절터가 아님을 짐작할 수 있었다. 낙서전, 법당, 종루, 청조헌이 좁은 터에 늘어서 있다. 절터는 작지만 그 앞은 광활한 곳이었다. 망해사에서 보이는 갯벌에 파도소리와 함께 바닷물이 들어온다. 돌 틈에는 밀려오는 물을 반기듯 산나리꽃이 환하게 피어 있다. 그 위에 수백 년 묵은 팽나무가 아름드리 자태를 뽐내며 서 있다. 이곳에 서서 아름다운 해넘이를 볼 수 없어 아쉬웠다. 그 대신 낙조가 장엄하고 바다를 향해 열려 있다는 포구, 심포에 도착했다.

생합구이와 백합죽으로 미각을 돋우었다. 심포항의 어장은 난류와 한류가 교차하고 간만의 차가 심해 어패류가 많이 서식한단다. 지금도 백합, 생합, 대하, 바지락 등이 이곳에서 생산되어 많은 사람들의 발길이 끊이지 않는다. 이곳은 머지않아 새만금 방조제가 완성되면 뭍이 될 운명이란다. 우리에게 땅만 절실한 것인가. 밀물져 오는 황해의 물결을 오래도록 바라보았다.

오늘 하루, 한여름의 무더위가 들어설 틈도 없이 시원스럽게 모든 잡사를 잊을 수 있어 즐거웠다. 나이든 나를 불러준 젊은 친구들에게 감사했다. 몸으로 마음으로 복을 지으려는 아름다운 인연들이다. 봉사와 마음 닦는 일에 게을리하지 않는 이들. 정을 나누며 순수하게 살아가는 그들이 내겐 복이다.

칠월의 초록을 가득 담은 내 마음에 작은 씨앗 하나 묻는다. 마음의 복밭을 가꾸며 여생을 보내고 싶다.

미리 받는 생일상

2000년의 겨울엔 눈이 많이 내렸다.

신문과 방송이 온통 떠들썩하다. 폭설이 내린 지역은 교통이 두절되고, 고지대에 사는 서민들은 연탄과 가스 배달이 되지 않아 최악의 불편을 겪고, 농가에선 피해가 속출되고 있다는 뉴스를 보면서 가슴이 우울하다. 어린애처럼 눈을 좋아할 수만은 없는 어른이다.

세상의 먼지까지 희디희게 덮어버린 그 하얀 눈 소식이 마음을 흔들어 놓는다. 세월이 오래 흘러갔어도 그날의 눈은 슬픔을 물안개처럼 피워낸다.

그날도 눈이 내리고 있었다. 백설은 아이들의 마음을 설레이게 쉬지 않고 내렸고 학교 운동장에선 아이들이 눈사람을 만들랴 눈싸움을 하랴, 환호하며 첫눈을 즐기고 있었다. 바라보는 게 즐거웠다.

눈길을 걸어서 귀가한 후 서둘러 저녁밥을 준비했다. 냉장고를 열어보다가 친정어머니가 다녀가신 사실을 알았다. 그리고 다음날이 내 생일이라는 것도.

직장생활을 하는 나를 항시 안쓰러워하시던 어머니. 말없이 딸의 생일을 기억해주는 어머니의 따뜻한 사랑에 젖어들었다.

하루 일을 온전히 마치고 잠자리에 들 무렵 전화가 왔다. 불길한 예감이 들어 수화기를 들고 있는 남편의 눈치를 살폈다. 안색이 달라지는 남편을 보면서 머리끝이 꼿꼿해짐을 느꼈다. 시아버님의 부음이다. 눈앞이 깜깜하고 아찔했다. 엊그제 일요일에 다녀왔는데, 청천벽력 같은 소식에 가슴이 덜컹 내려앉으며 힘이 쑥 빠졌다. 허겁지겁, 허둥허둥 발걸음까지 헛디뎌지고 오열이 전신을 엄습했다. 마음을 걷잡을 수 없었다. 내게 닥친 첫 시련이었다.

그때 시댁은 정읍이었다. 바쁜 마음에 빨리 갈 생각으로 택시를 잡아 탔다. 금암동에서 완산동 용머리고개까지 갔는데, 그곳에는 차들이 눈 내린 고갯길을 도저히 올라가지 못하여 줄줄이 늘어서 있었다. 겨울이면 눈이 많은 정읍에는 택시뿐 아니라 버스도 운행할 수 없다는 말에 다시 택시를 되돌려 전주역까지 왔다. 기차를 타고 익산으로, 익산에서 정읍으로, 정읍역에서부턴 어둠을 헤치며 푹푹 빠지는 눈길을 걸어서 걸어서 갔다. 그래선지 아버님을 생각하면 늘 하이얀 백지, 하얀 세상이 떠오른다.

말년의 아버님은 노환으로 눈이 밝지 못하셨다. 두꺼운 안경을 쓰시고 보일락말락 하였을 손자 손녀들의 얼굴을 어루만지며 부드러운 미소로 반기시던 모습. 그 인자하신 미소가 늘 그립다.

백설이 온 천지를 하얗게 하얗게 덮은 날, 아버님은 하얀 솜옷 입으시고 하얀 눈길을 지나 가장 편안하고 고요한 길로 떠나셨다. 그리고 20년. 그러나 이제까지 아버님의 기일에는 눈 한 번 오지 않았다.

이러한 사연으로 내 생일과 아버님의 기일은 얽혀 있다. 그러니 난 내 생일을 기억에서 빠트리며 살았다. 그전에는 결혼한 여자의 생일을 별로 챙겨주지 않는 걸 당연하게 여겼고, 나중엔 시아버님의 기일에 묻혀 또 바쁘다는 핑계를 대면서 그냥그냥 지나쳤다. 아이들이 어렸을 땐 가끔 내 생일을 물어왔다. 그때마다 "엄만 생일 없는 소녀야."라는 대답으로 웃어넘겼다. 그러나 세상은 개인을 위해 변하기 시작했고 아이들이 학생으로 자라면서 내 생일을 찾아 주었다.

그런데 아버님의 기일 덕분에 내가 생일 호강을 하게 되었다. 아버님 기일에 시댁 형제들이 저절로 모이게 되며, 그 판에 옛날이야기처럼 그날의 이야기가 오가게 되고 자연스레 내 생일도 기억나게 되는 것이다. 조상 덕에 이밥 먹는다고, 아범님 덕에 미리 생일축하와 생일상을 받는다. 부모님께 축문 올리고 절하던 마음으로 친지들이 내 생일을 축하해 준다.

금년에는 큰아들 내외가 생일을 챙겨주어 행복했다. 축전을 곁들여 장미꽃 바구니까지 놓인 호사스런 생일상을. 그러니 어제도 오늘도 두 번 생일상을 받은 셈이다. 늦게나마 생일복이 터졌다. 젊은 날에 못 받은 생일복까지 챙겨 받는 기분이다.

외손녀들의 생일 축하 노래가 귀에 쟁쟁하다. "사랑하는 할머니 생신 축하합니다. 할머니 사랑해요. 오래오래 사세요." 서툰 글씨로 써 준 카드를 받으니 저절로 기가 솟아오른다. 고사리손으로 정성껏 색칠한 촛불그림을 보노라니 그간의 일들이 촛농으로 녹아내린다.

예순여섯 살의 겹잔치

살아온 날, 살아갈 날을 감사하며 하루를 맞는다. 삶은 수수께끼놀이다. 삶의 수수께끼를 완전하게 풀어내기 위해 포기하지 않고 끝까지 맞추려고 노력한다면 이는 성공한 삶이다. 해묵은 날들을 돌아보며 눈을 감는다. 작고 소중했던 삶이 물밀져 다가온다.

인간이 태어날 때 각각 마음을 담은 그릇을 갖는다면 난 어떤 그릇을 갖고 태어났을까. 사람마다 타고난 만큼의 삶이 있다는데 뒤늦게야 세상을 살아온 내 삶의 그릇을 알아 보고 싶어진 것이다. 내 몫의 삶을 생각해 보는 것이다.

난 시작이 아니 인생의 출발이 늦었다. '시작이 반'이라지만 끝은 계산하지 않은 채 더디게 시작했다. 미약한 출발이었지만 더디더디 자식꽃도 피우고 늦게사 4남매의 결실을 거두었다.

가정과 직장의 틈바구니를 오가는 생활은 쌉싸름했다. 삶의 향기조차 감지하지 못한 채 자식들에게 디딤돌이 되겠다는 생각뿐, 진실로 삶이 무엇인가를 생각할 겨를도 없었다. 어미노릇, 아내노릇을 제대로 하려고 안간힘하며 삼십년 세월을 건너왔다. 내게 주어진 그릇 속의 향기와 모양은 변할 줄 몰랐다. 다만 매듭진 실타래를 하나씩 풀어갈 때마다 살맛이 느껴졌다. 가끔씩 산다는 것이 기뻤다.

금년 봄, 남편의 칠순을 맞았다. 큰딸과 큰아들은 출가시켰지만 둘째아들과 막내딸을 여의지 못해 부모의 도리를 못한 것 같아 마음이 편치 않았다. 남들은 이 나이에 할 일을 다하고 편하게 지내는데 아직도 짐을 내려놓지 못한 아쉬움을 안고 조촐하게 보냈다.

둘째아들은 서른세 번의 봄꽃을 보고도 일에만 열중하고 있었다. 결혼 말이 나오면 어물쩍거리며 잘잘 고개를 흔든다. 타고난 모양새대로 산다면서. 애인이 있을 것 같은데도 아들은 결혼에 별 관심이 없는 듯 내 마음을 어지럽혔다.

뿌린 대로 거둔다는 말이 마음에 와 닿는다. 나도 한때 부모 마음을 무척 졸이게 했다. 선을 보라면 줄행랑을 쳐대니 오죽

하면 걸어가는 뒷모습을 선보였다고 할까. 마치 둘째아들이 그때의 내 잘못을 뉘우치라고 암시하는 것 같다.

내 나이 예순여섯. 인연이 닿아야지 인력으로 할 수 없다는 인륜지대사인데 더 이상 애쓸 힘이 없어진다. 아예 생각을 바꾸고 포기하고 싶었다. 느긋하게 살다 보면 때가 되어 해결되겠지만, 그 어느 때일지도 모르는 때를 오직 기다려야만 했다. 싫은 소리 한 번 안하던 남편과 나 사이에 아이들 결혼문제만 나오면 냉기가 돌았다. 사람들을 통해서 여기 저기 인연을 찾아 보아야지 그냥 끌안고만 있다고 성화다. 가끔 선이 들어와 선을 보라고 하면 아들은 “누가 선 보고 장가간대요?” 하며 귓등으로도 안 듣는다. 늙은 부모심정을 헤아리지 않는 아들이 야속할 때가 어디 한두 번인가. 그럴 적마다 심신이 피곤하고 심란했다. 불편한 심기를 내색하지 않으려니 울화가 났다.

어느 날, 독일에서 공부중인 막내딸한테서 전화가 왔다.

“엄마, 저 결혼할래요. 호랑이띠는 금년에 결혼을 못하면 삼년 뒤에나 해야 한대요.”

삼재가 든 해엔 결혼을 함부로 않는다는 인습이 있지만 요즘 같은 세상에 무슨 대수랴. 그동안 오빠인 아들 걱정만 하느라 딸애는 아예 생각도 안했는데 듣고 보니 호랑이띠인 딸도 걱정이다. 자기 마음에 둔 선배쪽에서 말이 나온 것 같다. 그래. 혼인이야 순서가 따로 있겠는가. 시절인연이 닿은 대로 치르자. 생각 끝에 먼저 말이 나온 딸의 결혼부터 성사시키기로 결정했다. 주어진 운명대로 사는 거라고 마음먹으니 머리가 맑아지고 마음도 평온하다.

마음이 평온해지니 만사가 순조로워지는가. 느닷없이 아들이 신상발언을 한다. "군에서 제대하면 4월 말경에 개업을 해야겠어요. 다음 일요일에 아가씨 한 번 보시겠어요?" 하고.

귀가 번쩍 트였다. 너무도 듣고 싶었던 반가운 소리에 저절로 웃음까지 나왔다. 어둠 속에서 빛을 찾았을 때의 기쁨도 이러하겠지. 갑자기 세상이 환하고 넓어 보인다. 알고 보니 후배의 소개로 만나 마음이 간 규수란다. 하늘이 내린 인연이라 생각하고 아들의 뜻에 따랐다.

모처럼 모자간에 앉아 즐거운 마음으로 대화를 했다. 아들의 말인 즉 4월 말에 병원 개업하고 5월 중에 결혼을 하겠단다. '게으른 며느리 가을바람 보고 놀란다.'는 말처럼 일사천리로 두 마리의 토끼를 한 번에 잡겠단다.

갑자기 밀려온 행복한 고민을 안고 택일을 했다. 아들은 8월 3일, 딸은 10월 12일. 날을 잡고 나니 절반은 일이 진전된 것 같았다. 두 달 간격으로 큰일을 치르자니 왠지 힘겨웠다. 정신을 가다듬어 간단히 혼사를 끝내겠다고 마음먹지만 복잡한 절차도 따랐다. 생애 마지막 대사를 앞두고 조심스런 나날이다. 한 해에 둘을 혼인시킨다는 건 상상도 못했지만 겁없이 일을 추진하다 보니 오히려 이게 날 돕는 일이라는 생각도 들었다. 어쩔 수 없이 막내딸 결혼식에는 친지들에게 연락도 안하고 가족들만의 축하로 결혼식을 마쳤다. 각각 자기 몫이 있을 텐데 그럴 수 있느냐며 "선배님은 막내딸을 공짜로 키웠다더니 결혼도 공짜로 시키네요." 핀잔하는 후배도 있었다. 두 자녀의 결혼식을 치루면서 늦게 핀 사랑이 더 환하고 강하다는 걸 알게 되었다.

갑자기 불어난 우리 가족들을 보면서 울타리가 더 튼튼하게 겹쳐 쳐진 것 같다. 겨울이 와도 추위를 이길 수 있을 것 같은 힘이 솟는다. 예기치 않았던 선물. 가장 원했던 선물을 한꺼번에 받고 나니 삶의 활기를 느낀다. 예순여섯 살의 겹잔치는 끝났다. 몸도 마음도 날아갈 듯하다. 가슴이 푸근하고 편안하다.

새로운 보금자리를 찾아간 자식들의 행복한 모습이 떠오른다. 조금씩 성숙해진 모습으로 다가온다. 시작은 늦었지만 끝은 창대하리라.

지난 세월의 추억

세월이 화살처럼 빠르다는 말을 실감하는 나이다. 무얼 했는지, 무얼 이루어 놓았는지를 생각할 틈도 없는 채 세월은 꼬리도 안 보이고 달아났다. 그 세월이 어떤 흔적을 나에게 남겼는가?

살랑살랑 바람이 부는 날이면 괜스레 마음도 가볍게 살랑거리는 듯하다. 나이 먹으면 남는 게 시간과 추억뿐이라고 했던가. 한가한 시간에 바람을 맞으며 산책하노라니 지나간 기억들이 하나 하나 끄집어내진다.

평생 가장 오래 걸은 교사의 길. 교직은 나에게 일을 주고 경제적 독립을 주고 살아가는 보람을 준 직업이다. 지금도 가끔씩 되돌아본다. 내가 사랑했던 아이들에게 정말로 살아가는 길을 밝혀주는 한 점 불빛이었는지를. 이 학교 저 학교로 옮겨 다니며 도시와 시골의 아이들을 만나기도 했다. 그 아이들을 얼마나 진실하게 가르쳤을까? 나의 교육이 진정 아이들에게 희망을 주었을까?

교육은 인간다운 삶을 가꿀 수 있게 준비시키는 과정이다. 품성을 계발하고 인간의 존엄성을 인식시켜 사람답게 살아가는 길을 열어주는 것이다. 나는 최선을 다하는 자세로 교육에 임했다. 힘든 때도 많았지만 보람과 즐거움도 컸다.

특수교육에 첫 발을 내디딘 전주선화학교가 눈에 선하다. 선화학교에 부임할 때엔 왠지 기쁨보다 무거운 마음이 나를 짓누르는 것 같았다. 그러나 새해에 삶의 태도를 새롭게 다지듯이 새로운 교육의 장에 서는 각오를 다지며 선화학교 교문에 들어섰다. 학교 앞 나지막한 산자락에 흐드러지게 만발한 복사꽃을 보는 순간 마음이 다 환해졌다. 특수교육의 불모지였던 전라북도에 첫 번째로 설립된 공립농특수학교였다. 교직원들은 사명감을 갖고 참으로 많은 노력과 헌신으로 특수교육에 임했다.

내가 배정받은 학급은 5학년 1반이었다.

콩나물시루 같은 일반학교의 교실과는 달리 열두 명의 학생들이 기다리는 교실은 어쩐지 허전하고 썰렁한 느낌마저 들었다. 그런데 아이들을 주욱 바라보는데 눈에 확 띄는 학생이 있었다. 자세를 바르게 하고 앉아 사랑스레 미소를 짓고 있지 않은가. 저절로 내 얼굴이 환히 펴지는 느낌이 들었다. 그 아이 이름은 서도원이었고 기억에 생생한 제자가 되었다.

간단한 인사말 뒤 곧바로 수업에 들어갔다. 판서도 하고 설명하는 동안, 수화가 좀 서툰 난 말이 먼저 나갔다. 말은 빠른데 수화는 느리고, 간간히 수화가 막혔다. 그때마다 도원이가 빙그레 웃으며, 구세군처럼 나에게 수화를 선물했다. 그 애는 내 앞에 반듯하게 앉아서, 내가 설명을 하다가 고개만 갸우뚱해도 얼른 수화를 일러주었다. 마음이 있는 곳에 교감은 얼마든지 이루어질 수 있는 것이다.

함께 일년을 보내면서 아이들은 나에게 길들여지고 나는 아이들에게 익숙해졌다. 뜻이 있는 곳에 길이 있다지 않은가. 도원이 덕으로 수화에 자신감을 갖게 되었고 아이들 앞에서 막히지 않고 수업할 수 있어 다행이었다. 나에겐 아직도 그때 선물로 받은 수화가 남아 있다.

도원이는 눈치도 빠르고 총명했다. 책을 많이 읽어 문장력도 좋고 그림을 잘 그렸다. 보통 학생들과 견주어 조금도 뒤지지 않았다. 단지 청각장애가 있을 뿐, 생각의 깊이는 차이가 없었다.

도원이의 꿈은 선생님이 되는 것. 꿈을 가지고 밝게 공부하는 도원이가 얼마나 참하고 예쁘던지. 게다가 그 꿈을 실현하기 위해선 많은 노력과 인내가 필요하다는 것도 알고 있었다. 도원이는 지금 무얼 하고 있을까? 그 애의 꿈을 이루었을까?

작은 빛이지만, 어둔 세상을 밝히기 위해 빛날 때 세상의 어둠은 뚫리고 희망과 기쁨은 피어난다. 도원이의 작은 빛이 빛을 발하고 있으면 좋겠다.

예쁜 꽃들이 옹기종기 모여 있던 선화동산. 그곳을 떠나온 지도 벌써 20여 성상이다. 세월은 흘러가고 추억만 마음에 남아 있다.

바람이 일렁인다. 가슴속 기억들이 일렁인다.

바람에 팔랑거리는 잎새들처럼 선화학교 시절의 아이들 얼굴이 나뭇잎처럼 팔랑여온다. 도원이의 꿈이 싱그런 나뭇잎처럼 팔랑거리기를 빌어 본다.

한 권의 책을 받고

우편물을 꺼낼 때마다 마음이 설렌다. 매일 문안 인사하듯 편지함을 들락거리며 다양한 소식들을 보듬을 때의 즐거움은 일상 속의 작은 행복이다.

그 날은 우편물이 적었다. 그중 L선생님께서 보내주신 헐렁한 봉투 속에 작은 내용물이 만져졌다. 이제껏 받은 시집이나 산문집 크기가 아니라서 궁금했다. 이리저리 돌려가며 봤지만 아리송할 뿐이다. 욕심쟁이 할아버지가 젊어지는 샘물을 먹고 갓난아기로 변해 헐렁한 옷을 입고 있는 것처럼 보인

봉투다.

'이게 뭘까. 혹시 새로 만든 수첩일까.' 궁금해 하며 대문 안에 들어서자마자 개봉했다. 손바닥만한 책 한 권이 나왔다. 노르스름하고 깔끔한 장정으로 갓 깨어난 노란 병아리처럼 보송보송한 책 한 권을 꺼내는 순간 기쁨과 고마움이 어우러지는 마음을 주체할 수 없었다.

'멀리서도 요즘 내 심사를 꿰뚫어 보고 계셨나?' 얼마동안 글쓰기에 소홀했던 자격지심에 마음이 움찔했다. 열심히 공부하라는 채찍질을 받은 것처럼 번쩍 정신이 들었다. 마음을 가다듬고 책을 읽어가려니 문득 지난 일이 떠올랐다.

거의 40년간 아이들을 지도하면서 곧잘 사용한 수법 아니 비법이 있다. 부모님과 상담을 통해 아이들의 좋은 버릇, 나쁜 버릇을 알아 낸 후 나는 심리치료사가 된다. 예컨대 "하교 후에도 선생님이 학교에서 아니면 집에서 거울을 보니 착한 행동, 나쁜 행동을 한 사람이 있는데……" 하면서 요령껏 개개인의 행동을 들춰내면 안 넘어가는 아이들이 없었다. 하루가 아니라 1분도 안 되어 나쁜 버릇을 고칠 수 있는 무기인 특수거울을 내가 갖고 있다는 걸 아이들은 믿었다. 순진한 아이들은 알고 속아주는지 모르고 속는지는 몰라도 잘 통했다.

아마도 썩 좋은 거울을 L선생님도 갖고 있는 것 같다. 분명 게으름을 피우는 나를 거울로 보고 넌지시 공부하라는 암시를 보낸 게 아닌가.

채찍질하는 방법도 가지가지다. 한 권의 책이 이렇게 사람의 마음을 사로잡다니. 읽으면 읽을수록 사랑스런 책. 고맙다는 인사말에 앞서 글 한 편 건져내는 게 나을 것 같아 무딘 연필을 꺼내들었다. 화가이면서 수필가인 김용준님의 정신을 누군가에게 선물하고 싶어진다. 지갑처럼 들고 다니면 소녀 같은 할머니라 놀려도 기분이 상큼해질 것 같다.

채찍질을 가끔 받으면서도 글쓰기엔 게으르다. '끈' 동인들과 공부를 마치고 나올 때였다. "아니, 1년에 글 여섯 편도 못 쓰면 어떻게들 한대요. 열심히 정진해서 좋은 글들 쓰세요." K선생님은 좋은 것으로 머리와 가슴을 채워주느라 열심이다. 그것들이 얼른 내 글의 살이 되면 좋으련만. 집에 돌아오는 내내 선생님의 목소리가 맴돌았다. 왠지 마음이 심산하고 서글퍼져 우울했다. 아이들을 다 결혼시키고 나면 시간이 많아 글도 많이 쓸 줄 알았는데 더 복잡해지는 현실 속에 난 점점 글쓰기에 무능해지고 있다. 손주들 뒷바라지에 몸이 지치면 마음도 함께 피곤으로 무너져 버린다.

집에 오니 머리가 지끈지끈 달아올랐다. 잠도 오지 않고, 어떻게든 글을 써 보자고 매달리니 주제는커녕 소재도 떠오르지 않고 마음만 조급했다. 밤새 글, 글, 글 하다 어떻게 밤을 보냈는지 모른다. 글쓰기도 습관이라고, 매일 글을 생각하는 습관을 가져야 한다던 선생님의 말을 떠올렸다.

올해를 시작하면서 K선생님은 덕담을 했다.

연년시호년年年是好年하고
일일시호일日日是好日하라

해마다 해마다 좋은 해고
날마다 날마다 좋은 날이라.

수필가에게 가장 좋은 일은 좋은 수필을 쓰는 것.

수필 생각을 날마다 하다 보면 올해는 좋은 수필을 양산하는 좋은 해가 되리라고.

성숙된 글을 쓴다는 게 쉬운 일은 아니지만 세월 속에 얽히고설킨 실타래가 술술 풀어진다면 그 이상의 환희는 없을 것이다. 해마다 연초가 되면 최소한 글 여섯 편은 쓰리라, 여섯 편을 못 쓰면 다섯 편은 써야지, 다짐하곤 했다. K선생님과 덕담을 나눈 지가 엊그제 같은데 벌써 반년이 지났다.

일필휘지하듯 단숨에 몰아치는 내 성격만큼이나 급하게 새 다짐을 했다. '좋은 수필 창작론'을 읽고 또 읽어 문리가 통할 때까지 읽어 보자고. 좋은 책을 읽지 않으면 좋은 것을 얻을 수 없다지 않은가. 독서의 기적을 기대하며 독서 쾌락에 빠지고 싶다.

유기서독승간화有奇書讀勝看花. 좋은 책을 읽는 것은 아름다운 꽃을 보는 것을 능가한다지 않은가.

독서 삼매경에 빠져 나를 정화시키고 아름다운 세상을 마음껏 배우자. 마음에 녹아 내려앉는 금싸라기 같은 언어로 글 한 편 건져내는 꿈을 꾼다. 그 꿈을 이루기 위해 또 꿈을 꾼다.

새벽시장 풍경

가을볕이 좋다. 구름 한 점 없는 맑은 하늘에서 밝은 햇살이 곱게 퍼진다. 덩달아 내 마음도 따뜻하고 청명하다.

서서히 가을이 여물어 갈 무렵이면 주부들은 겨우살이 준비에 부지런을 떤다. 가을걷이 생각에 몸과 마음이 바빠진다. 한겨울에 두고두고 먹을 수 있는 먹을거리를 장만하기 위해서다.

옛날, 할머니들이 소일거리인 양 가을 내내 일삼고 하던 일 중에 요즘 내가 하고 싶은 일이 있다. 한번도 해 본 일이 없는 호박고지를 만드는 것이다.

가을이 농익어 가기 전, 호박을 말려 놓아야겠다는 마음이 생기자 하루라도 빨리 서두르고 싶었다. 마음은 벌써 새벽시장이 선다는 매곡교로 향하고 있었다. 잠도 설쳤다. 생전 처음 해 보는 일에 대한 설렘과 약간의 걱정도 있었다.

먼동이 터 온다. 하루를 여는 새벽바람이 숭숭숭 가슴을 상쾌하게 파고든다. 유년에 보았던 왁자지껄, 시끌벅적한 무질서가 어우러진 재래시장의 풍경이 그대로 재연되고 있는 새벽시장이다.

머리가 희끗희끗 센 할머니들, 중년의 그만그만한 또래들의 시골 아낙들, 직업적인 장사꾼들. 돈이 되는 것이라면 모두 들고 나와 팔고 사는 사람들로 인도는 발 디딜 틈도 없다. 차도에도 차량과 인파가 뒤섞인 채 날이 점점 밝아진다.

그 옛날 농촌에서 소박하게 농사지어 윗집, 아랫집, 옆집 할 것 없이 두루두루 나누어 먹던 것들이 다 모인 것 같다. 울안이나 텃밭에서 손수 가꾸던 농산물들. 배추, 무, 파, 풋고추, 호박, 고구마순, 토란대, 생강, 밤, 대추 등 없는 것이 없다.

가계에 보탬이 될까 하는 마음에 휜 허리를 펴가며 새벽길을 나섰을 아낙들. 그 부지런한 아낙들이 좌판을 벌여 놓고 오순도순 앉아 있다. 아낙들의 굳은 살 박힌 손을 보니 그들의 손에 들려졌을 호미가 비쳐지는 듯하다. 봉지 봉지에 담긴 저 농산물은 그들이 빚어낸 예술품이다. 흙과 땀으로 정성스레 가꾼 결실들. 푸성귀 하나하나에도 주인의 삶처럼 굴곡 있는 시련이 따랐을 것이 아닌가. 흙냄새가 점점 짙어지는 듯하다. 좌판에 놓인 채소들을 살펴보며 지나자니 뭉클뭉클 갖가지 생각이 돋아난다.

끝자락까지 죽 둘러보려는데 마침 마음에 드는 호박이 눈에 띄었다. 주인의 사랑을 흠뻑 받고 자란 호박 같다. 주먹만한 게 동글동글 어느 곳 하나 상한 곳이 없다. 새벽이슬을 마악 턴 듯 색깔도 진초록색깔이 싱싱하다. 새벽시장이라선지 생각보다 값이 저렴하다. 살이 짱짱하고도 씨가 박히지 않아 보이는 것으로 아홉 덩이를 골랐다. 비닐봉지에 가득 호박을 받아 드니 싼거리를 한 기쁨도 생긴다. 이게 새벽에 부지런을 떤 덕분이려니.

이번엔 인도 쪽으로 길을 건넜다. 그곳엔 생선이랑 과일이 전을 벌이고 있다. 새벽시장의 물건은 확실히 싱싱하고 값이 저렴하다. 더 받고 싶어 하고, 덜 주려 하는 실랑이도 없다. 밤내 차량통행이 거의 없어 맑아진 공기를 마시고 물건을 싸게 구입할 수 있어 건강과 가계에 일석이조의 덕을 보았다.

매곡교는 유년의 추억이 깃든 다리다. 하루에도 수십 번 오갔던 다리. 지금이야 봇도랑처럼 좁고 별볼일없게 흐르는 전주천에 놓여 있지만, 반세기 전 전주천은 강물처럼 도도히 흘렀고 그 다리는 길고 넓어 보였다.

난 이 다리를 건너 산자락 아래 설립된 전주완산국민학교에 다녔다. 완산칠봉으로 산책을 할 때도 이 다리를 건너다녔다.

친구들과 정담을 나누며 발길로 누비던 놀이터이기도 하다. 대보름날이면 다리밟기를 한 곳도 여기다. 그땐 어쩜 그리도 다리가 길게 느껴졌던지. 어린이 걸음으로 정월 강추위 속에 시내바람을 가로지르기가 싫었기 때문이었을까. 그리고 나이 한 살이라도 더 먹고 싶지 않았다. 이 아침 새벽시장 풍경 속에서 마치 잃어버린 나를 찾은 듯이 감회가 새롭다. 삶을 뒤돌아보는 추억의 발자취에서 그립지 않은 것이 어디 있을까. 오늘도 볕이 참 좋다.

아침에 사 온 호박을 숭덕숭덕 썰어 채반에 동그랗게 열 지어 빽빽하게 널었다. 세 채반이나 된다. 베란다 난간에 내다 놓았다. 한 이틀 지나니 호박은 가을볕에 수분을 내뿜고 오그라들기 시작했다. 하루에도 몇 번을 들랑날랑거리며 눈맞춤도 하고 뒤집어 주기도 하고 볕이 잘 드는 쪽으로 옮겨주기도 했다. 사나흘 동안 시간과 정성을 호박 말리는 데 쏟았다. 살림에 얌전 내는 충족감으로 하루하루를 기분좋게 지냈다. 호박고지는 생각보다 깨끗하게 잘 말랐다. 호박고지를 성공적으로 말린 건 분명 넉넉한 가을볕 덕이다. 가을걷이를 마련하는 즐거움을 이제야 배운 셈이다.

늦게 배운 도둑이 날 새는 줄 모른다고, 그 후에도 호박, 토란대, 모과까지 말렸다. 그리고 무말랭이도 말려 볼 생각이다.

곰살곰살 일을 만들어 하는 것도 나이 탓일까. 이제 철들어 살림맛을 알게 된 때문일까. 바깥으로 바쁘게 뛰어다니던 젊은 날을 보내고 나이를 먹어 이런 일을 할 수 있는 때를 얻은 것도 즐거운 일인 것 같다. 새로운 일거리로 스스로 생활에 도취되는 것도 고독에서 벗어나는 것일 게다. 이제야 알 것 같다. 소일거리를 찾아 몸을 움직이며 단순노동을 일삼던 노인들의 심사를. 외로움을 달래고 건강을 다지는 하나의 수단이었을까. 새삼스레 삶을 관조해 본다.

베란다 한켠에 주렁주렁 매달린 주머니 속에는 말린 먹을거리와 함께 추억과 사랑이 가득 들어 있다. 보면 볼수록 절로 힘이 난다. 내년에도 아니 내내 힘을 내어 가을고지를 마련할 것이다.

올가을엔 마음이 풍성해서 좋다. 오곡백과가 무르익는다는 가을, 볕을 빌려 작은 꿈을 이루어 더더욱 좋다.

하얀 칠판

건망증은 병일까? 나이 들어갈수록 깜박깜박할 때가 있다. 세월이 주는 자연스런 훈장일까?

무슨 할일이나 약속을 까맣게 잊어버린 날은 외로움에 젖는다. 젊은이의 총명한 기억력을 부러워하고, 세월의 강을 탓하면서 마음을 달래려고 애쓴다.

잊지 않으려고 종이에 메모를 하거나 달력에 표시를 해 놓기도 한다. 그러나 그 메모지와 달력의 표시도 보지 않으면 허사가 된다는 것쯤은 누구나 아는 일. 건망증으로 인해 속상

한 일이 부쩍 늘어난다. 마음속으로 몇 번이고 암기하며 용을 쓰지만, 그럼에도 불구하고 까마득히 잊어버리는 일이 어디 한두 번인가.

동료 중에 메모하는 습관이 몸에 밴 친구가 있다. 하나 하나 꼼꼼히 메모하고, 지우고, 삽입하고, 그때 그때 조금도 흐트러짐이 없다. 건망증세 없이, 정확하게 약속된 일을 처리하는 친구가 부러웠다.

그래서 나도 친구처럼, 종이쪽지에 메모를 하기 시작했다. 실수 없이 척척 일상을 보내던 어느 날, 중요한 약속을 깜빡 잊고 말았다. 이유는, 메모지를 수시로 보는 습관이 덜 되어선지 주머니 속에 기다리고 있는 메모지와 연락이 두절되었던 때문이다. 그 후로 메모하는 일을 그만두었다.

나는 네 아이의 어머니면서 직장인이었다. 가족 모두가 학교로, 직장으로, 각자의 생활에 동분서주하느라 가족들이 한자리에 모이기 힘들었다. 그래서 아이들이 자라면서부터 벽면 공간에 더덕더덕 메모를 써 붙여놓고 생활했다. 아이들이 상급학교에 다니면서 얼굴을 볼 시간은 더욱 없어져갔다. 난 초저녁잠이 많아서, 밤늦게 귀가하는 애들을 기다리지 못하고 잠을 자야 했다.

날마다 아이들을 맞아주지 못하여 얼마나 미안하고 안타깝던지. 그래서 내가 할 수 있는 최선의 방법을 찾기로 했다. 아이들이 쓴 일기를 읽어 보고 엄마의 마음을 첨서해 놓는 일로 아이들과의 대화를 대신하고, 간식을 빠뜨리는 일 없이 챙겨놓았다. 궁즉통이었다.

새벽에 일어나 식탁 위에 수북히 쌓인 도시락을 씻고, 아이들이 남겨 논 메모를 보면서 하루를 시작했다. 시험기간이니 도시락은 하나만 싸라는 등, 각자의 용건과 일상을 쪽지편지로 나누었다. 메모지는 가족사랑의 끈이 되어갔다.

그러다, 어느 문구점에서 빨간 테두리가 있는 하얀 칠판을 보았다. 순간, 우리집 메모판으로 안성맞춤이라는 생각이 들었다. 메모지를 붙이던 벽에 하얀 칠판을 걸었다. 한시름 놓은 것처럼 산뜻하고 개운했다.

칠판에 용건을 적었다가 지우며, 새싹처럼 자꾸 돋아나는 메모내용을 보면서 우리 가족들은 서로의 생활을 알았다. 우리 가족의 가교가 되어준 하얀 칠판이다.

밖에 나갈 때 행선지를 적어 놓고 나간다. 연락 전화번호를 적어두는 일도 잊지 않았다. 메모판에 출필고지하고 나가는 아이들을 믿었고 걱정하지 않고 기다릴 수 있어 마음도 편했다.

누구든 집에 있는 사람은 걸려오는 전화 용건을 일일이 적어놓으니 잊어버리지 않는다. 이렇게 우리 집에서 없어서는 안 될 메모판. 지금은 오랫동안 사용하여 거뭇거뭇하게 퇴색되었지만 그 기능은 변함이 없다.

우리 가족들은 학교와 직장에서 돌아오면 각자의 방에 들어가기 전에 언제나 하얀 칠판과 눈맞춤을 한다. 오늘따라 가족들에게 전할 메모가 그득하다. 약속을 지켜주는 수호신처럼 항상 우리 곁에서 기억창고 역할을 한다.

모자라는 부분을 걱정하고 한탄하는 것보다 도움을 받아서 잘 살아가는 것이 더 좋다. 우리 집의 하얀 칠판은 내 기억력의 도우미다.

새천년 해맞이

한 세기를 보내고, 새천년을 맞이하는 건 분명 축복된 일이다. 20세기의 징검다리를 건너온 사람들이 들뜬 마음으로 온통 축제 분위기다. 2 세기에 걸쳐 사는 건 어찌 보면 행운이란 생각도 든다.

새해의 꿈은 해마다 다시 꾼다. 가끔은 꿈보다 해몽이 더 좋은 결과로 끝나지만 그래도 해마다 새해 설계를 한다.

올해도 새해맞이를 아침산행으로 시작했다. 새벽잠을 밀치고 여명을 헤치며 가볍게 산책로를 향했다. 둥실 떠오르는 태양 앞에서, 평화롭고 너른 세상을 바라보고 싶은 마음으로 차근 차근 오르는 발걸음. 왠지 여느 날보다 가볍고 부드럽다.

하얀 그믐달이 여명 속에 떠 있다. 한겨울 새벽공기가 차디차면서도 신선하고 상큼하다. 새천년 일출을 맞으려고 화산공원 정상을 향해 오르는 사람들로 산길 곳곳이 오늘따라 더 붐빈다.

일출은 언제 어디서나 항상 새롭고 황홀하다. 아침 창문을 열고, 베란다에 서서 아파트 숲 사이로 힘차게 솟아오르는 태양을 바라보면 넉넉함과 밝은 마음이 절로 가슴에 스민다. 둥실둥실 방긋거리는 태양을 보는 날은 왠지 기분 좋은 하루가 될 것 같은 예감으로 행복해하곤 한다. 그래서 해맞이는 생활의 활력소가 되어주곤 했다.

산 정상에 많은 사람들이 모여들었다. 날씨가 흐려선지 체념하고 성급하게 내려가는 이들도 있지만, 끝까지 지켜보려는 이들이 더 많다. 그중에 화산공원을 아끼고 지키는 사람들이 모여 과일과 막걸리로 산신제를 지내고 모닥불까지 피워 놓았다. 미리내처럼 튀어 오르는 불꽃이 어둠을 밝힌다. 모닥불 주위에 둘러선 사람들 모두 한마음인 양 동녘 하늘을 향해 목을 길게 빼고 서 있다.

동해안 일출, 남해안 일출은 아니지만, 이곳에 서 있는 것만으로도 마음이 부푼 사람들. 일출을 맞으려고 기다리는 사람들의 마음을 알아차리기라도 하듯 붉은 하늘 밑으로 점점 산세가 뚜렷해진다. 모두들 숨을 죽인 채 하늘을 뚫어져라 바라보고 있다.

해뜨는 시각이 가까워온다. 조금이라도 높은 곳에서 일출을 맞으려는 듯, 바위 위로 올라서는 사람, 키발을 딛고 있는 사람, 새벽추위가 견디기 힘드는지 계속 몸을 움직이는 사람. 각양각색의 모습으로 기다린다.

하늘에 붉은 기운이 맴돌지만, 여기저기 떠 있는 구름에 가리어 일출을 볼 수 있을지 궁금해한다. 그래도 행운을 뿌려줄 것 같은 기대를 안고 묵묵히 기다리는 사람들이 아름다워 보인다.

동녘하늘을 바라보며 두 손을 모았다. 카운트다운이라도 하듯 두근거리는 가슴을 다독이는 숙연한 기다림 뒤에 불끈 솟아오르는 빛의 화살이 멀리 퍼진다. 순간 환호성이 화산공원을 덮었다. 사람들이 새천년을 여는 소리다.

겸허한 마음으로 태양의 기운을 받으며 새해의 소망을 빌었다. 먼저 서른을 넘기는 큰아들의 좋은 배필을 빌고, 서른 고개에 오르는 작은아들의 전문의 합격을 기원했다. 그리고 떠오르는 얼굴, 기억나는 이름 하나 하나에 용기를 갖고 행복한 삶을 살아가기를 기원했다.

구름에 덮여 있던 하늘이 심한 진통 끝에 태어난 즈믄동이 만큼이나 많은 사람들의 가슴을 조이게 하더니 해가 덩그렇게 올라 기운을 발산한다. 나도 막힌 기가 확 뚫리듯 속이 시원해진다. 천지가 찬연하다. 말없이 인내하고 기다리는 자에게 행운이 따르는 것처럼 못 볼 줄 알았던 일출을 맞은 즐거움은 올해의 첫 보너스였다.

아침햇살이 포근하다. 골고루 뿌려주는 해님의 기운을 받은 사람들의 움직임이 더 활기차다. 순식간에 흩어지는 사람들. 내 발걸음도 덩달아 빨라진다.

산길을 내려오니 도시가 깨어나는 소리가 소란하다.

활기찬 하루를 여는 생활의 소리다.

2부

노을

봄날의 산책은 몸과 마음을 한결 가뿐하고 개운케 한다.

전주의 서쪽 골짜기 황방산의 능선을 타고 오르락내리락, 봄내내 산책을 했다. 매일 다녀도, 어느 날 문득 산의 모습이 다른 걸 느끼게도 하고, 생각도 다양하게 한다.

어느 날과 달리 오후 새참 때쯤 산책에 나선 날, 발걸음을 재촉하며 하산하는 산모롱이에서 서녘하늘에 노을이 지는 풍경을 만났다. 우연히 마주친 일몰의 풍광. 발걸음이 멎었고 내 가슴은 벅차올랐다.

한 날이 저물 무렵, 덩그렇게 물든 해를 바라보자니 황홀하다. 서해의 낙조도, 망해사의 일몰도 아니지만 참으로 아름답다. 오늘 하루의 시름을 안고, 들녘의 야산 너머로 떨어지는 또렷한 윤곽의 붉은 해. 화려하면서도 엄숙한 모습이 아닌가. 달덩이 같은 태양이 가슴에 불을 놓는 듯하다. 산 너머로 해가 완전히 이울 때까지 바라보았다. 오늘 하루도 무사함을 감사하며. 화가라면 저리 황홀한 일몰을 한 폭의 그림으로, 시인이라면 한 편의 시를 남길 수 있을 텐데…… 내 마음을 사로잡는다. 땅거미 지는 대지의 미물들에게 귀가를 서두르라고 덩그런 조명등을 켜놓은 것 같다.

가끔 퇴근길 버스 안에서 일몰을 볼 때는 가슴이 콩닥거려지고 조급했는데 웬일인지 이젠 느긋하고 평화롭기만 하다.

일몰에 취해 갈 길을 잊고 있는 나의 마음까지 노을 속으로 풍덩 빠져들었다. 일몰인가, 일출인가 분간할 수가 없다. 절정에 달한 붉은 일몰을 보노라니 일출과 다를 게 없어 보였다. 우연히 볼 수 있는 일몰에 비해 일출은 기다림이 따른다는 것 외에 거의 같았다.

너무도 아름답게 내리는 낙조의 찬란함은 밝음의 끝이고, 어둠의 시작이다. 내일을 열기 위해 고요를 꿈꾸며 사라지려는 찰나다.

한 폭의 거대한 그림이 덮인다. 장편의 시를 읽은 것 같다. 이 순간을 홀로 누릴 수 있는 행복한 시간이었다. 구름밭 같기도 하고 해면 같기도 한 산능선 너머로, 주황색 물감을 풀어놓은 듯한 노을 속으로 붉은 태양이 미끄러지듯 잠겨버린다. 순간 서서히 어둔 빛이 내리기 시작하고 허정무심한 마음이 된다.

산의 정적을 뒤로하고 차들이 숨가쁘게 달리는 신작로로 내려왔다. 차들의 소음과 전조등이 얽히고설키는 대로를 향해 나왔다. 귀가를 서두르는 차들의 불빛 행렬과 아파트 빌딩 사이로 스러져가는 노을빛이 번득인다.

인생의 황혼도 저처럼 아름다움이 묻어나는 풍경이라면 얼마나 좋으랴. 새삼스레 내 인생의 황혼빛은 어떤 색깔일까, 생각해지며 그저 꿈에 그리던 고고지순한 삶이 어른거린다. 삶은 연습이 아니다. 정말 내 인생의 황혼에 서서 당당하게, 후회 없이, 아름답게 살았노라 말할 수 있을까.

새 세기가 시작된 2001년 여름 날, 후배 운정의 시집 출간기념 모임이 있었다. 뒤풀이로, 청운사 하소백련지에 다녀오는 길에 K선생님의 노모를 뵈러 갔다.

운정의 시집을 노모께 드렸다. 책표지에 운정이 그린 소나무 한 그루를 보시고 "이건 그냥 노송이 아니다." 라고 말문을 트셨다. 노송의 등결과 가지마다 한 여자의 일생이 살아 숨쉬는 게 보이시는 듯 "자식은 여자가 가르치는 거지. 노송 한 그루에 길이 있고, 자식이 있지. 어머니의 마음 씀씀이를 보면 자식들의 사람 됨됨을 알 수 있는 거야." 소곤소곤 속삭이듯,

소나무 등걸을 마디 마디 짚으신다. 그 모습이 꼭 친정어머니 같았다. 그림은 글을 쓰듯 그리고, 글은 그림 그리듯 쓰라는 말같이 책표지만 보시고도 한 편의 수필을 줄줄 읊으신다.

모처럼 당신의 막내딸과 함께한 우리를 보시고 "야야, 참 좋다." 하시며 생기 있는 목소리로 말씀하신다. "여인들은 늙어서도 남편의 늙은 얼굴을 보면서 사는 게 아니라, 처음 만났을 때의 모습(첫인상)을 떠올리며 사는 거야. 자식에게만 어미가 되는 게 아니라 남편에게도 어미가 되는 게 여성이지. 그러니 남의 험담보다 덕담을 많이 나누고, 칭찬의 말 한 마디로 복을 배로 받을 줄 알아야 해. 늙었다고 빈둥빈둥 노는 것보다 옛사람, 고서나 한시를 만나는 것이 좋은 일이지." 한 마디 한 마디의 말씀이 한 편의 수필을 읽는 것보다 더 유익하고, 생각을 깊게 품어낼 수 있는 한 편의 시를 읊어주시는 것 같다. 다정다감하면서도 당신 생각을 스스럼없이 표현하는 당당함에 부러움이 앞선다.

요즘 들어 노인들을 볼 때마다 '저게 바로 나의 자화상일지도 모르지.' 생각한다. 하루에도 몇 번씩 보고 느끼는 그 많은 자화상 중에서 나의 자화상은 어느 것일까. 나 스스로를 반추해 본다. 향기롭게 늙어가는 K선생님의 노모. 그 모습이 먼 훗날 내 모습이라면 좋겠다. 그러면 열심히, 멋지게 살았다는 말을 할 수 있을 텐데. 노을에 묻혀 집을 향해 걷는 동안 노을 덕분에 노년에 대한 이런 저런 생각을 했다.

잘 늙어가고 싶다. 매일 주어진 일에 감사하고 봉사하며, 내가 하고 싶은 일을 하며 사는 것도 늙는 색깔을 조절하는 방법일 것이다. 육체적 건강보다 마음의 건강이 더 소중한 노년. 노년기는 대부분 육체적 건강에만 마음 쓰는 사람이 대부분이지만, 덕성스런 삶을 살기 위해선 정신적 생활에도 힘써야 한다. 시간이 있는 한 도전하는 여유를 가져야 한다. 싱그럽고 원숙한 삶의 열매를 맺게 하는 힘이 될 것이다.

동화구연가를 꿈꾸며

세상에는 아름다운 언어들이 많다. 그 언어를 하나씩 배우려는 어린이들의 천진한 모습을 보면 맑은 이슬 같은 생각이 든다.

어린이들과 함께하는 시간엔 순수한 동심으로 빠져든다. 하얀 도화지 위에 물감이 번지듯 삶의 방식을 익히는 모습을 보노라면 새록새록 새로운 기가 솟는 듯하다. 동화와 함께하는 즐거움에 빠져 있는 게 요즘 내 일상이다. 미래의 꿈나무들이 올곧게 자라는 작은 변화를 느낄 때마다 전생에 지고 온 삶의 빚을 갚는 것 같아 마음이 가벼워진다.

이야기를 듣는 아이들의 모습에선 사랑의 향기와 기쁨이 넘실거린다. 어린이에게 들려주는 이야기는 사랑이다. 동화가 어린이에게 꿈과 희망을 심어주는 거라면 어른에게는 오염된 감정을 씻어주고 동심을 불러 일으키는 거라는 건 자명하다. 유명한 문학가 쉴러와 괴테도 어머니의 품속에서 동화를 들으며 인생의 소중한 가치를 배우고, 인생의 불변의 법칙을 배웠다고 하지 않는가. 이렇게 소중한 가치를 지니고 있는 동화에는 많은 보물이 들어 있다. 이 보물은 모든 어린이들에게 주어지는 보너스로 천지간에 흐드러지게 핀 들꽃처럼 우리 가까이에 있다. 이 보물을 안은 어린이들은 마음이 따뜻하고 꿈이 있는 바른 사람으로 성장할 것이다. 어린이들이 읽은 동화 한 편마다 지혜롭고 슬기로운 인생의 교훈이 담겨 있으므로. 인간의 가치와 삶의 의미를 일깨워주는 보물 보따리를 풀면 세상을 읽는 통찰력이 절로 트일 것이다.

동화구연과의 인연으로, 몇 년 전부터 나는 꿈속에서 사는 여자가 되었다. 칠십을 바라보는 나이에 동화의 매력에 빠져 동화구연 봉사활동에 나섰다. 옆에서 지켜보던 남편의 못마땅한 말 한 마디가 내 마음을 흔들어댔다. 동화구연가도 아니면서, 자격도 없이 아이들 앞에 선다는 것은 당치도 않다는 것이다.

그럴듯한 남편의 조언에 난 또 하나의 꿈과 목표를 갖고 동화의 유혹에 더 깊이 빠져들어갔다. 먼저 자격요건을 갖추기 위해 많은 시간을 투자했다. 집안일도 건성건성, 엉뚱한 도전장을 내걸었다. 뜻이 있는 곳에 길이 있듯이, 목표가 생긴 생활은 또 다른 기쁨으로 나에게 건강과 살아가는 힘이 되고 새로운 꿈을 실현하는 날개를 달아주었다.

난 나에게 책임을 지고 심행일치의 고행을 감수했다. 시간은 나를 버리지 않고 차근차근 극복의지를 실천하게 했다. 환상을 꿈꾸는 동화 속의 주인공처럼 먼저 이론으로 동화구연지도사 자격을 따냈다. 그러나 동화구연가는 동화구연대회라는 커다란 장벽이 가로막았다. 그렇다고 꿈을 버릴 수는 없었다. 나의 마지막 꿈이 될지도 모르는 동화구연가가 되기 위해 궁리 끝에 대회에 참가하기로 결심했다. 미쳐도 단단히 미친 것이다. 총기 있고 발랄한 젊은이들과 같이 나도 보물을 안고 사는 사람이 되고 싶었으니까.

먼저 동화 한 편을 완전히 소화하고 구연을 해야 한다. 할머니가 할머니소리도 잘 못 내는 형편이지만 성량을 조절하면서 촌음을 아껴 노력했다. 틈만 나면 중얼중얼, 남들의 눈에 이상한 사람으로 비칠 정도로 시간과 장소를 가리지 않았다. 때로는 한 편의 동화를 외우느라 산으로, 시냇가로 무대를 옮겨가며 목청을 돋우는 연습을 했다. 내 발길이 닿는 곳은 어디나 동화구연대회 무대가 된다. 산에 오르면 나무들이 내 이야기를 들어준다. 시도 때도 없이 동화를 구연하는 게 안타까운지 큰 나무들과 작은 들꽃들도 나풀나풀거리며 응원을 아끼지 않는다. 조용한 숲속에서 목청껏 입으로 연기를 하자니 힘은 들었지만 공기 맑은 곳에서 시간을 보내는 것이 즐겁기만 했다.

덴마크의 코펜하겐 장미공원에 홀로 앉아 열심히 글을 쓰고 있는 모습의 안데르센 동상이 떠오른다. 린게리만의 해안가에 슬픈 표정으로 바다를 바라보는 인어공주상도 눈에 어른거린다. 내가 어린이들에게 꿈을 심어줄 준비를 하느라 따르는 고통쯤은 감수해야 한다.

내가 동화를 외우는 데는 산보다 물이 더 좋았다. 집에서는 욕조에서, 수영장과 전주천을 거닐며 중얼중얼 외웠다. 청정해진 전주천의 아름다운 풍경 속에서 머리가 맑아지니 기억력이 활발해져설까. 짬만 나면 운동도 하고 동화를 외울 겸 전주천을 거닐었다. 어느 날, 산책 중에 빗방울이 떨어졌다. 오히려 잘 되었다 싶어 비를 피해 다리 밑에 앉아서 동화를 외고 있었다. 앞서 가던 남편이 되돌아와 여울물 소리를 장단 삼아 열심히 외우는 모습을 보며 '득음의 경지에 이르는 것 같다'며 놀렸다. 꼭 해내야겠다는 결심이 더 굳어졌다. 나의 마음을 위로하려는 것일까. 왜가리 한 마리가 여울목을 넘어다보며 겅중겅중 다가왔다. 왜가리까지 내 동화를 들어주니 더 신이 났다. 작은 근심들을 맑은 물에 흘려보내며 동화를 외고 또 외며 동화구연가를 꿈꾸느라 남들의 눈치는 아랑곳하지 않았다. 잘 여물기란 쉽지 않다.

이렇게 저렇게 연마하면서 동화구연대회에서 금상을 받았을 때의 뿌듯함은 이루 말할 수 없었다. 내 마음에는 동화꽃이 만발하였다. 향기 가득한 동화의 매력에 푹 빠졌던 지난 날을 되돌아본다. 꿈과 희망을 안고 아름다운 환상의 세계로 빠져 꿈속에서 기쁨과 슬픔에 빠져 허우적거렸다고 할까. 이제야 정신이 제자리로 돌아온 것처럼, 남편에게 아내로서 조금 미안한 마음이 든다.

지금처럼 봉사활동에 박차를 가한다면 훗날 동화구연가로 아이들 앞에 당당하게 설 것이다. 맛이 나는 동화구연 한 토막이, 아이들이 좋아하는 피자 한 판보다 더 구수한 좋은 선물이 되는 행복을 맛보게 해 주고 싶다.

요즘 젊은 어머니들은 동화에 관심이 많다. 아이들에게 동화를 들려주고 책을 읽어주며 자녀들에게 헌신적이다. 바쁜 일상에서도 자녀교육의 필수가 되는 동화구연을 배우려는 현명한 부모들이 늘어나고 있어 다행이다.

엄마랑 아빠랑 동화 사랑에 흠뻑 빠진 아이들은 얼마나 행복할까. 사람의 성장에 필요한 보물을 담은 이야기보따리를 풀어서 아름다운 언어로 많은 아이들에게 꿈의 날개를 달아주고 싶다.

작은 나눔이 주는 보람

오래 전 후배가 보내준 책을 꺼내 읽었다. '가장 아름다운 이별 이야기'를 읽고 또 읽고, 마음이 고단하고 착잡할 때 이 책을 습관처럼 펼쳐본다. 삶의 수레바퀴가 바쁘게 구르던 세월을 밀치고 마음의 여유를 되찾는 순간 뭉클하게 머리를 스치는 곳이 떠오른다.

설레임과 기쁨으로 가득한 가을이다. 햇살이 활짝 펴져 날씨도 해맑았다. 생애 최초로 봉사활동 꼭지를 열기로 한 날이다. 매일 맞는 아침이련만 오늘따라 마음이 들썽거린다. 난생

처음으로 몇 사람이 뜻을 모아 작지만 정성껏 준비한 동화구연과 동극, 노래 등으로 행복을 함께 나누기로 했는데 혹시 실수나 하지 않을까 걱정이 앞섰다.

우리를 기다리는 곳은 노인복지시설이 잘 되었다는 노인요양원이다. 전주박물관을 지나 좁은 들길을 따라 한참 가다 보니 생각보다 큰 건물이 정갈하게 단장되어 아담하고 따뜻해 보인다. 65세 이상의 노인성 질환을 가진 어르신들을 사랑으로 섬기는 곳. 성애요양원이다.

사랑의 손길을 기다리는 곳이라는 것을 한눈에 알 수 있었다. 중증노인들의 심신 건강을 체크하고 외로움과 병마에 시달리는 환우들을 보살펴 주는 곳이 있다는 것을 그제야 알았기에 미안한 마음은 쥐구멍이라도 찾고 싶었다.

시간에 맞게 공연장에 어르신들이 모이고 있었다. 걸어오시는 분들보다 휠체어를 타고 오시는 분들이 더 많은 것 같았다.

작은 공간이지만 공연장은 가득 메워졌다. 삭정이 같은 육신을 간호사에 의지하며 지내던 그들이 휠체어에 고정되어 혼자서 몸을 가누며 앉아 있다. 절망의 심연에서 헤어나지 못하는 분들에 비하면 그래도 이곳에 나오신 분들은 복 받은 분들이 아닐까.

세월의 무상함을 실감한다. 아무런 감흥이 없는 이들 앞에 선 내가 오히려 몸둘바를 모르겠다. 멍하게 허공을 응시하는 눈빛을 보는 순간 천근만근 마음이 내려앉았다. 한 가닥의 희망도, 의욕도 떨쳐버린 지 오래된 무기력한 모습이 너무도 허망하고 씁쓸하다. 세월의 시간이 멎어진 고장이 난 시계처럼 정지된 이들의 육신을 무엇으로 보상하고 치유를 해 주어야 할지 잠시나마 말문이 막히고, 숨이 막혀왔다. 외로움과 무관심 속에 시들어가는 사람들이 마지막까지 아름답게 살아갈 권리를 포기한 듯 웃음조차 사라진 지 오래인 것 같다.

나도 모르게 몸에서 전율이 일었다. 굳게 닫힌 입, 굳어진 손과 발, 마음까지 굳어버린 그들의 몸. 허망한 세월 끝없는 삶의 방황이 계속된 모습에서 미래의 나를 보는 듯하여 감지할 수 없는 아픔으로 마음이 애잔하고 무거웠다.

앞만 바라보고 자식들 치다꺼리하면서 정신없이 살아온 삶. 일만 죽도록 하면서 젊음을 소진하고 이 풍진세상을 헤쳐 온 모습이 아닌가. 사람이 그립고, 친구가 그립고, 가족이 그리운 사람들이 갖가지 사념으로 가득하지만 세월 앞에 장사 없다고 했던가. 덧없는 꿈도 초연하고 노작지근한 삭신을 치유하느라 급급한 이들의 초췌한 모습에 가슴이 아려온다.

예정된 시간에 프로그램대로 보따리를 풀었다.

플룻연주를 시작해 시낭송, 동화(어! 내 곰방대), 동극(혹부리 영감), 율동, 동요, 가요 등의 순서로 행복을 나누는 홍이 고조된 공연장은 모처럼 즐겁고 희망과 기쁨이 샘솟았다. 우리들의 동극을 보고 웃고 즐겼다면 몸 어느 한 부분이라도 치유되었으리라. 진정한 사랑으로 그들에게 다가가 고통과 슬픔을 함께한 시간이었다면 그들의 등짐이 가벼워졌을 것 같아 마음이 흐뭇했다.

권선징악. 착한 사람은 복을 받고 착하지 못한 사람은 벌을 받는다는 동극을 보고 웃고 행복해하며 무엇을 생각했을까? 잠시나마 마음의 상태를 평안하게 불러 일으켜 생기를 되찾았다면 얼마나 좋을까.

'타향살이', '오빠생각', '고향의 봄'을 노래 부르며 옛 추억이 선명해지는지 입을 들썩거리기 시작했다. 마지막으로 '진도아리랑'을 부를 때는 너나할것없이 흥에 겨워 다같이 입을 벌리고 손도 흔들며 지난 날을 그리워하는 지복감에 흥겨움이 충만했다.

수척하고 노쇠한 분, 혈색은 좋으나 수족을 제대로 쓰지 못하는 분, 가끔씩 자기 자신을 잊어버리는 분. 한두 가지씩의 고통으로 스스로 인간이기를 포기하면서 하루하루가 힘겨운 분들이 다시 오뚝이처럼 일어설 수 있는 선물이었다면 얼마나 좋을까.

일행 중 한 분이 아는 분을 만났는지 마음아파했다. 자식들도 다 잘 되었는데 어떻게 이곳에 오셨을까. 의아한 생각을 떨치지 못한 채 마지막 기도로 겨우 마음의 안정을 갖는 듯했다.

자식의 도리를 기대하는 것도 이젠 희망사항이다. 인간도 나무처럼 스스로 잎을 틔우고 잎이 마르면 잎을 버릴 줄 알아야 한다. 한 부모를 못 섬기는 자식들의 지친 마음도 이해할 줄 알아야 할 것 같다. 스스로 건강에 책임지는 습관을 갖고 자기 자신에게 속지 않는 현명한 삶을 누리면서 자신을 성찰하는 수행에 정진해야 한다.

좋은 인연으로 만나 소외된 이웃들이 조금씩 조금씩 자기의 의지만큼 회복하고 마음의 평화를 갖고 생활하기를 간절히 빌어 본다. 맨 앞자리에 앉은 할머니가 옛 추억을 더듬으며 웃고 울면서 행복해하는 모습이 지워지지 않는다.

'사랑으로 섬기며 행복을 만드는 세상' 이라는 어울림 마당에서 봉사라는 미명으로 작은 나눔을 하고 큰 보람을 갖게 되어 함께 나누는 행복 속에 오히려 내가 빠진 것 같다. 봉사하는 노년의 참맛을 이제야 알고 깨닫는다.

남을 돕는 일에서 행복을 찾고 삶을 즐기며 노후를 아름답게 보내고 싶은 작은 소망을 품어 본다.

당당한 노년

인간의 수명이 길어졌다. 10년 전에 비해 4.8년을 더 산다는 통계를 보니 한국이 고령사회에 진입한 것 같다.

선진국이 되어간다는 뜻인가 보다. 선진국은 이미 고령화에 골머리를 앓는다는데, 그렇다면 장수하는 것이 무조건 좋은 일은 아닌지도 모르겠다.

요즈음 건강관리에 신경 쓰는 사람들이 부쩍 늘었다. 헬스, 수영, 생활체조 등등 각자 자신의 취미와 체력에 맞는 운동으로 건강을 다진다. 또 주변으로 등산을 하거나 가까운 전주천

변을 아침 저녁으로 걷는 사람들이 많아졌다. 자연을 벗 삼아 장수의 비결을 찾고 있는지도 모른다. 그저 사는 날까지 건강한 삶을 유지하는 것이 노인의 몫이 아닐까.

지난 토요일, 모처럼 수영장에 갔다. 실내 풀에는 멋진 폼으로 수영을 즐기는 사람, 물속을 걷는 사람, 줄넘기하듯 뛰는 사람들로 출렁출렁 북적거린다. 그들 속에 끼어 걷다 뛰다 물속에서 한 시간 남짓 운동을 하면 하루를 여는 마음이 거뜬하고 여유로워진다.

샤워실에서 눈길을 머물게 하는 분이 있었다. 바로 옆자리에서 할머니 한 분이 수영복을 입는 모습에 마음이 다가갔다. 아무리 봐도 수영을 하기엔 너무 연세가 들어 보이고 예사롭지 않은 노인이라는 생각에 할머니를 향해 여쭈어 보았다.

"할머니, 연세가 어떻게 되세요?"

"나? 팔십이 다 되어가."

"할머니, 수영을 하시니 좋으세요?"

"응, 참 좋아. 늙은이, 젊은이, 남자, 여자, 아이들 모두 어우러져 운동하는 게 얼마나 좋은지 몰라."

집에서 홀로 지내다 이곳에 와서 사람 구경도 하고 운동도 하고 새로운 변화에 할머니는 꿈을 이룬 것마냥 흐뭇하고 즐거운 표정이었다.

할머니는 얼마 전에 딸네 집에 다니러 왔다가 수영장에 오게 되었는데 너무 좋더란다. 할머니가 사는 곳은 충남 서천인데 수영장이 없어 집에 가기 싫단다.

"이 나이에 수영복을 입을 수 있으니 얼마나 좋은지 몰라. 세상이 변해도 많이 변했어."

할머니의 애교스런 모습이 더 건강하게 보였다. 보름 남짓 기초반에서 교습을 받다가 따라갈 수 없어 나 홀로 시간을 보낸다며 어린애처럼 환한 웃음을 지으신다.

"할머니, 딸네 집에 있으면서 사위 눈치는 안 보세요?"

"눈치는 무슨 눈치. 내 집이 있는데……. 그런 거 없어."

그저 수영장을 오는 재미에 빠진 당당한 할머니를 보면서 행복이란 자기가 하고 싶은 일을 하는 즐거움 속에서 얻어지는 것인가 보다는 생각을 했다.

어쩜, 저 나이에 저처럼 건강하고 당당할 수 있을까. 할머니는 마음이 열린 분이다. 스스로 늙어갈 필요는 없다 했다. 자기 인생을 스스로 가꿔갈 줄 알아야 한다.

행복을 한아름 안고 풀장으로 사뿐사뿐 걸어나가는 할머니의 뒷모습을 보면서 건강은 스스로 지키는 것이란 생각을 했다.

노년에 들수록 건강하기를 바란다. 그것이 젊은 자녀들을 도와주는 일이고, 고령화 사회가 가져오는 노인복지 부담을 덜어주는 일이 될 것이다. 이래저래 현대의 노인들은 스스로를 책임져야 한다.

건강할 때 건강을 지키려는 노년에게서 황혼의 아름다움이 솟는 듯하다. 멋지게 늙어가는 할머니를 보면서 행복하게 살

권리를 스스로 찾는 것도 건강을 지키는 방법이라는 생각이 든다. 당당한 노년의 행복 찾기가 또한 가장 멋진 나를 찾는 길이라는 걸 깨달았다.

작은 봉사 큰 기쁨

흘러가는 세월이 요즘 들어 부쩍 가속도가 붙은 듯하다. 세월의 걸음을 감지하기 힘들어졌다.

급격히 늘어나는 노인인구. 건강관리를 잘해선지 의술이 좋아선지 수명이 연장된 건 사실이다. 우리나라도 고령화 사회의 진입으로 노인복지에 대한 관심이 높아가고 있다.

10년 전에 북유럽 여행을 하면서 들은 이야기가 어렴풋이 다가온다. 인간은 하늘나라에서 지상에 내려와 이슬과 노을이랑 즐겁게 노닐다 소풍을 마치고 다시 하늘나라로 돌아간다는 전설을 가진 그들은 요람에서 무덤까지 편안한 일생을 즐기며 살아간단다. 사회보장제도가 잘 되어 외롭고 어려운 노인은 단추목걸이를 걸고 다니다 위급한 상황일 때 단추만 누르면 병원으로 모셔가 치료를 받을 수 있다 했다.

노인복지와 행복지수를 자랑스럽게 설명하던 가이드의 말이 우리의 현실과는 너무 멀게 느껴졌다. 그런데 그 10년 후, 나는 어느새 노인이 되었고 우리나라는 고령사회로 다가가고 있다.

다행히 우리나라도 선진국 수준은 아니지만, 복지제도의 일환으로 노인복지회관을 세우고 다양한 프로그램을 운영하여 노인들의 건강과 무료함을 달래준다. 스포츠댄스, 고전무용, 요가, 가요, 판소리, 동화구연, 풍물, 컴퓨터, 숲해설, 역사교실 등등 다양한 강좌로 소일거리를 제공한다. 옛날 같으면 상노인 취급을 받을 노인들이 정정하게 취미생활을 하고 노후를 즐기는 모습에서 노인의 삶의 질이 상당히 향상되어가고 있음을 느낀다.

나 역시 인생의 황혼길 나이로 경로우대라는 새로운 계급장을 달았다. 그렇지만 나는 나이들었다는 생각을 하지 않는 편이다. 이따금 경로우대를 받아야 할 곳에서 주민등록증을 보자고 할 때, 내 나이를 확인하며 왠지 허전해질 경우도 있다.

믿음과 희망만큼 젊어지고, 의심과 절망만큼 늙는다 했다. 늙어가는 것을 두려워하는 사람은 미리 겉늙고, 늙어가는 사실을 순수하게 받아들이는 사람은 늙는 속도가 점점 느려진단다. 늙는다는 것은 나이를 먹는 것이 아니라 자기의 꿈을 저버릴 때 저절로 늙어진다.

내가 가장 걱정하는 건 어떻게 늙어 가느냐다. 대부분의 사람들처럼 나도 곱게 늙고 싶다. 날마다 새로운 날이니, 건강과 미를 한꺼번에 얻을 수 있는 행복한 시간을 만들어 콩나물에 물 주듯이 자기를 가꾸려고 애쓴다. 그게 젊음을 잃지 않는 방법일 것이다.

젊었을 땐 어색하고 쑥스러워 손 한번 올려보지 못하고 몸 한번 흔들어보지 못했는데 뒤늦게 건강을 이유로 남편과 스포츠댄스를 시작했다. 예전의 나로선 상상할 수 없는 변화다. 어린애처럼 한 발 한 발 발을 떼고 손을 올려 춤추기를 배운다. '걸을 수 있는 힘만 있으면 춤을 추라'는 기사를 보고 용기를 냈다. 어색하고 쑥스러움을 버리면서 흥을 만들어가니 몸도 맘도 건강해지고 있다.

또 한 가지 즐거운 일이 있다. 외손녀들의 이야기 성화에 좀 더 재미있게 이야기를 해 주고 싶어 동화구연에 관심을 갖기 시작했다. 복지회관에서 동화구연 자원봉사활동 교육을 받으며 이야기에 사용할 자료를 만드느라 오리고 붙이고, 구연 자료가 완성될 때마다 어린이처럼 흐뭇했다.

어린이들에게 동화구연을 해 줄 곳은 보육원과 동사무소 민들레 교실이다. 밝고 맑은 초등학교 저학년 어린이들을 만나는 기쁨이 새롭다. 아이들 앞에 서 있는 시간은 꿈 같다. 동화구연을 통해 전하는 사랑이 부스러기 사랑일지라도 아이들에게 담뿍 쏟아준다.

이야기 속의 지혜를 밑거름으로 희망의 작은 씨앗 하나씩 아이들 가슴에 심어지기를, 또 곱고 바르게 자라기를 바란다. 저 아이들 모두 튼실한 재목으로 자랄 것이라는 생각에 더없이 즐겁다. 동화구연은 아이들에게 꿈과 희망과 용기를 갖게 하는 도구다. 동화나라에선 요정도 만나고 나무와 풀, 새와 짐승과도 대화를 나누며 상상력을 키울 수 있다. 어린이의 상상력은 곧 창조의 힘이지 않은가.

필요한 곳에 도움을, 남에게 도움을 줄 수 있는 게 내가 살아가는 힘이다. 사치스럽지 않은 생활 속에 노년을 쓸모있고 즐겁게 살아가고 있다. 기쁨으로 봉사하며 새벽공기 같은 상쾌한 기운을 어린이들을 위해 마구 품어내고 싶다. 이렇게 내 안에 행복이 살아있기에 노년이 즐겁다.

진정한 노인복지는 저절로 노인에게 주어지는 아니라 노인 스스로가 보람된 시간을 가지려고 노력할 때 이루어진다. 다른 사람들과 어우러져 살아가는 노인의 삶이 바로 건강하고 행복한 삶이다.

소박한 소원

보통사람들에게 소원이 무어냐고 묻는다면 '건강'이나 '부자'를 꼽을 것이다. 그런데 어떤 사람들은 약속이라도 한 것처럼 '눈을 떠서 글자를 읽고 글씨를 쓰고 싶다'는 소박한 소원 하나만을 갖고 있다. 복지회관에서 한글을 배우고 있는 늦깎이 학생들이다.

과거 열악한 환경 속에서 문맹자로 살아온 그들이 고달픔을 이겨내며 자식들을 잘 키워놓은 다음 그제서야 희망을 세웠다. 그동안 배움의 한을 가슴에 품고 답답하게 살아온 날들을 떨쳐

버리고 배움의 길을 찾았다. 지금 복지회관 한글반에서 오순도순 모여앉아 친구처럼 자매처럼 웃음꽃을 피우며 자유롭게 글을 읽어가고 있다. 인생은 육십부터라는 말을 실현하듯이 육십이 넘어서야 배움의 삶을 시작한 것이다. 삭신이야 허리 굽고 등 굽은 할머니들이지만 열정 하나로 똘똘 뭉친 학구열을 가진 학생들이다.

못 배운 설움과 속절없이 보낸 세월을 뒤로하고 바늘귀만한 빛을 찾아 모인 할머니들의 글밭에서 가갸거겨… 떡잎이 돋는 듯하더니 어느새 잎이 돋아난다. 더도 말고 덜도 말고 단 하나의 소망인 글을 읽고 쓰는 목표를 달성하기 위해 연일 30도가 오르내리는 무더위도 아랑곳하지 않는다.

제 이름 석 자라도 제 손으로 쓰고 싶은 할머니들. 늘그막에 글을 배워 어디에 쓰려고 고생을 하느냐는 주위의 만류를 뿌리치고, 그동안 세차장에서 돈벌이를 하던 일도 그만두고, 오로지 글을 읽고 쓰면서 한맺힌 마음을 풀어보고 싶어 한다.

굳어진 손가락으로 연필을 잡고 필순에 맞게 글씨를 쓸 때마다 떨리는 손을 주체하지 못했다. 무딘 연필심이 지나간 자욱은 새 삶을 그리는 그림이다. 처음엔 나오느니 한숨이었지만 한 자 한 자 써가는 동안 가슴 속의 피멍을 토해내는 거라며 행복해했다.

핑계 없는 무덤이 어디 있을까만, 원망 섞인 이들의 푸념 속엔 과거의 열악한 환경여건이 그대로 드러난다. 암탉이 울면 집안이 망한다며 학교교육을 시키지 않은 부모들. 기초생활도 곤핍한 시절에 똑똑한 자식도 교육시키지 못하는 판에 여식을 학교에 보내주기나 했겠는가. 시대를 원망한들 무슨 소용이 있겠느냐며 바른 자세로 꼿꼿하게 연필을 잡고 힘있게 글자를 쓴다. 잠이 오지 않는 밤이면 성경책도 써 보고, 손자들의 책을 꺼내 글자를 익히며 날을 샌 일이 한두 번이 아니란다. 그런 그들의 손끝에서 또박또박 글자가 쓰여진다. 대견하고 기쁘다.

한 할머니는 유복한 집안에서 태어나 국민학교에 입학했지만 취학하지 못한 동갑내기 친구들의 따돌림에 배움의 길을 포기했단다. 그 어리석은 한을 이제야 풀고 싶단다. 떠듬떠듬 글을 읽지만, 쓰기가 잘 안 되어 애를 태우고 있다.

어떤 할머니는 물길을 여섯 번이나 건너야 갈 수 있는 곳에 학교가 있었기에 다닐 수 없었단다. 학교에 못 다닌 설움을 평생 끌안고 살았기에 오직 글자공부에 매달려 읽고 쓰기를 하루에 백 번도 더 한다며 두툼한 공책을 빼곡히 글씨로 채운다. 마치 읽고 쓰는데 혼신을 다하고 있는 것처럼.

할머니들은 집 근처에 있는 학교 운동장을 운동하느라 돌 때에도 곳곳에 세워진 팻말에 적힌 글을 쪽지에 적어다가 노트에 옮겨 적으며 글을 깨우치기에 노력했다. 받아쓰기를 할 때도 얼마나 연습을 많이 하는지 가물가물한 글자는 꾸어다가도 쓴단다. 뒤늦은 학구열에 감탄할 뿐이다.

시작이 반이라고 한 자 한 자 깨우친 문자해득 덕분에 이제는 가요교실에서 악보를 읽고 노래를 부른다니 얼마나 즐거운 일인가. 집요할 만큼 읽고 쓰기에 매달리더니 차츰 학습요령을 터득하여 손놀림이 가벼워졌다. 받아쓰기도 잘하고 간단하게 일기도 쓰면서 늦게나마 배움의 즐거움에 푹 빠져 있다.

남들 같으면 하릴없이 집에서 허송세월을 보낼 나이인데 하고 싶었던 공부를 하느라 할머니들은 늙을 새도 없이 바쁘다. 치매는커녕 젊음을 유지하는 데에 좋은 명약인 공부를 한다는 뿌듯함이 덤으로 이들의 건강을 지켜주는 것 같다. 일주일에 두 번 공부방을 찾는 이들의 공통점은 바로 부지런하다는 것이다. 부지런히 더 배워서 남은 인생을 한껏 누리고 살면 참 좋겠다.

새로운 삶을 얻어 기쁨과 보람을 안고 뿌듯해하는 이들에게 내내 행복이 있으라.

현장학습을 다녀와서

배움에는 나이가 없다. 평생 배움길을 갈망하던 할머니들이 희망학교에 입학을 하여 당당하게 학생이 되었다. 더디 더디 깨우치면서 오직 공부 하나에만 매달려온 한글반 할머니들이 고산휴양림으로 현장학습을 갔다.

청명한 가을, 모처럼의 나들이에 할머니들의 얼굴에는 어린 애마냥 웃음꽃이 만발했다. 쫓길 것도 없고 억매이지도 않은 시간을 골라 푸짐한 간식거리도 실었다. 삶의 의미를 찾기 위해 꿈을 안고 살아온 할머니들은 오늘이 생애 최고의 날이라 생각하며 벅찬 기쁨을 감추지 못한다.

"이 늙은이들을 누가 이렇게 호강시켜 주겠어. 아들, 딸보다 훨씬 낫지."

전생의 인연인가 이생의 인연인가. 동병상련의 인연으로 맺어진 친구들이 모인 버스 안은 화기애애했다.

"복지관으로 공부하러 가서 선생님을 보면 마음이 너무 편해."

"공부하는 시간이 제일 즐겁고, 기쁨이 절로 솟아."

"그렇게 고맙지. 가고 싶은 곳도 많고 할 일도 많을 텐데, 우리 땜에 못 가고. 복 받을 겨."

이들의 입에서는 항상 감사하다는 말이 쏟아진다. 그러면서 행복해하는 할머니들은 한글공부를 하면서 자신감을 갖고 살아가고 있다. 이들이 기뻐하는 모습이 정감 있고 푸근하다.

평일에 찾아온 휴양림. 가을을 맞아선지 썰렁한 느낌이 들었다. 북적거리던 여름에 비하면 너무도 적적하기만 했다. 숲속이라선지 공기도 청량하고 스치는 바람도 포근하다.

'생명의 숲' 자원봉사자들이 등나무 아래 지압길을 안내하여 걸었다. 소나무숲에서 스트레칭, 복식호흡, 손뼉치기, 웃음치료 등으로 몸에 좋은 것을 익히고 할머니들의 건강을 다질 수 있어 더 보람된 것 같았다.

송림 사이사이에 제일 먼저 빨갛게 물든 붉나무가 요염하게 서 있다. 산에 왔으니 나무에 대한 공부를 하기 위해 눈앞에 있는 붉나무를 가리키며 물었다.

"나무 나무 무슨 나무?"

"붉나무야. 그건 열매를 따다 말렸다가 밥물에 담갔다가 입 아플 때 바르면 그냥 직방으로 낫아."

어렸을 때 시골에서 살아선지 나무에 대해 아는 것도 많고 대답도 시원시원 잘했다.

마침 붉나무 열매를 따 가지고 온 해설사가 맛을 보라고 하였다. 소금처럼 짠맛이 나고 시금했다. 옛날 어른들의 생활의 지혜를 새삼스레 깨닫게 되었다.

이번에는 하늘을 향해 쭉쭉 벋은 리기다소나무를 향해

"나무 나무 무슨 나무?"

"이건, 조선소나무가 아니여. 몸에 잔털이 너무 많이 났어. 조선소나무는 잎이 두 개인데 이건 세 개잖어."

소나무에 대해서도 자신있게 말하는 모습이 한글공부 시간과는 달리 대견스러웠다.

"우리 어렸을 적에는 소나무도 많이 먹었어. 껍질을 벗겨다가 죽도 끓여 먹고 솔잎도 음식 쪄 먹을 때 많이 썼어."

이제껏 살아오면서 가슴에만 묻어두고, 알고 있으면서도 말 못했던 것을 시원시원 말하는 할머니들. 매일 오늘만 같은 날이었으면 얼마나 좋을까. 이 좋은 날, 맑은 공기 마시며 답답한 마음을 다 헤쳐내는 것 같았다.

아직도 파란 잎을 달고 있는 자귀나무 잎을 가리키며

"나무 나무 무슨 나무?"

"그건, 짜구나무여."

"그래요. 이건, 자귀나무예요. 자귀나무는 자는 시간을 귀신같이 안다고 해서 자귀나무래요. 잠잘 때, 잎이 붙어서 잔다고 해서 사랑나무라고도 하고 합환수라고도 불러요."

자세한 해설을 들으며 한 시간의 산책시간이 흘렀다. 내려가는 길에 아직도 시든 자줏빛 꽃이 붙어있는 나뭇잎을 따서 냄새를 맡아 보라고 해서 맡아 보았다. 왠지 좋지 않은 냄새다. 누리끼리한 냄새가 난다고 해서 누리장나무란다.

모처럼 야외로 나와 숲체험을 하면서 숲의 고마움도 알고 숲과 더 친근감을 갖게 된 할머니들은 신이 났다. 일상을 탈출한 하루의 휴식이 이렇게 큰 기쁨으로 다가올 줄이란 상상도 못 했다.

점심은 메기탕으로, 할머니들의 옛날 추억을 흠뻑 적셔주었다. 집에 있는 자식들에게도 먹이고 싶어 하는 어머니의 애정이 물씬 풍겨났다.

오후에는 농촌체험을 하기 위해 봉동의 생강 재배단지로 갔다. 가을걷이를 끝내고 조금 남은 생강밭에서 할머니들은 날쌘 손놀림으로 생강을 캔다. 설명도 필요 없이 몸에 밴 일을 척척 하시는 모습이 너무도 활기차다. 다 캐낸 생강들을 모아 조금씩 나누어 주는 고마운 자원봉사자들의 인정이 할머니들의 피로를 싹 씻어주는 것 같아 너무도 고마웠다.

무사히 체험학습을 마치고 돌아왔다. 꿈이 있으므로 삶의 의미를 찾을 수 있었던 할머니들에게 작은 기쁨이 되어주는 힘을 나눌 수 있어 흐뭇했다. 몸도 마음도 건강한 할머니들이 살맛나는 세상을 살아가도록 빌어 본다.

할머렐라

열세 살 바기 소녀는 가끔 펑펑 코피를 쏟아댄다. 콧속엔 기다란 붕대로 가득 메워졌고 아버지의 등에 업혀 병원을 드나들 동안 원인도 모르는 병마에 온 집안이 술렁술렁 들썩거린다. 매일같이 지극정성어린 도움을 받으며 통원치료를 하고 어머니는 백방으로 명약을 구해 먹였지만 별 차도가 없다. 양팔의 혈관 주위의 주사 자국은 주근깨처럼 거뭇거뭇했다.

어느 날, 사경을 헤매는 자식에게 어머니는 분홍색 꼬까옷을 입혔다. 아이는 아무것도 모른 채 설빔도 아닌 새 옷을 입고 날개옷이라도 입은 듯 가벼워진 몸을 날리며 기뻐한다. 어머니가 주는 마지막 선물이라는 것조차 알아차리지 못한 채. 유년시절은 이렇게 가슴 아픈 기억으로 가득했다.

출판업을 하는 평범한 가정에서 어려움 없이 자랐다. 병약하므로 건강이 첫째인 내게서 공부는 멀리 쫓아내다시피 했다. 늦도록 방에 불이 켜 있으면 어김없이 부모님은 몸을 쉬도록 하라고 성화셨다. 전깃불을 끄고 큰 책상 다리 안에 들어가 호롱불을 켜고 몰래 공부를 했다. 나중엔 전구에 갓을 달고 밑으로 내려 불빛이 밖으로 새어나가지 못하게 하기도 했다.

고등학생 때까지도 병원을 계속 드나들었다. 사람이 많이 모인 곳에 다녀오면 어김없이 코피가 나고 시름거렸다. 약을 달고 살아 차츰 차츰 건강해져 갔지만 내 작은 몸은 참 가벼웠다. 가볍다 보니 운동도 곧잘 했지만 강한 체력이 되진 못했다.

온고을에서 태어나 완산칠봉의 정기를 받고 전주천의 맑은 물에서 자맥질도 하면서 자연과 더불어 산과 들과 고샅을 야생마처럼 누비고 다녔다. 공부는 학교 공부시간에만 충실할 뿐 특별히 노력하진 않았다. 그래도 대학은 가야지 싶었지만 부모님과의 갈등이 계속되었다. 부모님은 전북대학교를 추천하고 난 서울로 진학하고 싶어 했다.

그땐 지금처럼 입시지옥이란 말이 없었다. 물론 대입시험을 보는 학교도 있지만 학교 성적만으로 선발하는 무시험전형이 많았다. 용기를 내어 친구와 함께 상경하여 나의 꿈을 이루기로 했다. 내가 지망한 학교에서 합격통지서가 왔다. 기쁨도 잠시 부모님의 반대는 심하셨다. 한국동란 전후여선지 여자가 서울 가면 다 버린다는 나쁜 소문에 부모님은 나의 발을 꽁꽁 묶으셨다. 등록금을 내지 못해 나의 꿈은 접혔다. 그렇다고 그냥 주저앉을 수는 없었다. 부모님의 허락만을 기다리던 나는 어느 날 신문광고란에서 한 섬광을 발견했다. 어린 시절에 꿈을 꾸었던 초등학교 교사가 되는 길. 난 그길로 서울로 올라가 시험을 보고 마지막 힘을 쏟아 부모님을 설득했다. 대학보다 짧은 교육기간에 부모님은 슬며시 허락하셨다. 난 그동안 못했던 공부를 열심히 하여 우등상도 받고 결국 초등학교 2급 정교사 자격증을 수여받았다.

내가 직장생활을 하는 것을 원치 않으신 부모님과 오랜 실랑이 끝에 부모님을 설득했고 전남 순천북초등학교로 초임발령을 받았다.

나는 인복이 많았다. 객지에서 많은 사람들의 도움을 받고 고향처럼 포근하게 생활할 수 있었다. 세월이 흐르고 직장생활을 힘들게 하는 것을 알게 된 어머니는, 내가 원하는 대학을 보냈으면 중고등학생을 가르치기에 고생을 덜었을 거라며 후회하셨다.

옛날로 치면 난 만혼이다. 결혼 상대자로는 교사는 제외했는데 이게 웬일, 결혼 1년만에 남편은 교단에 서겠다고 했다. 부부교사가 되어 2남 2녀를 두고 가정과 직장의 틈바구니에서 우먼파워로 바쁘게 삶을 엮었다. 그 세월이 행복이었다.

10여 년 전 학교의 문예반을 맡아 지도하던 중 글짓기를 정식으로 배우면서 문학에의 욕심을 갖게 되었다. '뜻이 있는 곳에 길이 있다.'는 말이 있듯이 늦깎이에 만난 스승의 고마움을 잊지 못한다. 비척거리며 무딘 연필 하나만을 잡고 있을 때 손을 내밀어 성심껏 용기와 희망을 주었다. 똑소리나는 스승의 지혜를 따를 수 없어 공부를 한 날에는 밤잠을 이루지 못하기도 했다. 세상을 바라보는 눈은 조금씩 떠져가지만 문학의 길은 만만치 않았다. 기초가 튼튼하지 못한 글을 발표할 때마다 두 손으로 얼굴 가리기에 바빴다. 하지만 글쓰는 일이 있었기에 행복을 느끼고 건강도 지킬 수 있었다.

김용옥 선생님의 추천을 받아 1999년 '시와 산문' 가을호로 등단했다. 그 해에 한 권의 책으로 집을 지었다. 〈마음밭에도 풀꽃을 심어〉다. 동반자의 정년퇴임에 내 살아온 기억을 모아 바치는 기쁨을 두 배로 얻을 수 있었다.

그때쯤 이순을 넘기며 나는 자신을 찾기 시작했다. 세상의 변화 따라 내 생활도 변화했다. 퇴직 후 아파트 베란다 앞에 있는 작은 잔디밭을 꽃밭으로 만들었다. 몇 그루 나무와 갖가지 화초를 옮겨 심었다. 매일 아침 풀도 뽑고 물도 주며 싱싱하게 자라기를 소망했다. 어디서 날아왔는지 새들이 사랑을 하느라 뾰로롱 뾰로롱, 푸드덕 푸드덕 날갯짓을 하며 맴돈다. 흙을 만지고 몸을 움직이는 동안 나는 건강을 얻고, 꽃들은 예쁘게 꽃을 피웠다. 베란다엔 철쭉 분재들이 쫑긋쫑긋 키 재듯 서로 어우러져 살아가고 있다. 젊을 적에 아이들을 키우던 마음과 정성을 되찾은 것처럼, 물만 먹고 사는 식구들을 돌보고 있다.

나이를 먹을 만큼 먹어서일까. 나이는 어디까지나 숫자일 뿐이라는 말이 마음에 와 닿는다. 최근 떠오른 신조어가 귀를 솔깃하게 한다. '줌마렐라'. 아줌마와 신데렐라를 합성한, 멋과 지혜를 갖춘 아줌마 부대들을 일컫는 말이란다. 이들은 삼사십 대로 "무조건 순종적이고 희생적이었던 엄마세대의 삶은 살지 않겠다."고 다짐한 여성들이란다. 가족의 행복을 지키기 위해 남편 뒷바라지 잘하고 자식 잘 키우고 살림도 똑소리나게 잘 하면서 자기 관리와 계발에 열심인 현명한 전업주부들이란다.

나는 '할머렐라'라고 하면 어떨까. 우아하고 멋지게 적극적으로 여생을 즐기는 할머니. 가족을 위해 희생하며 남편 뒷바라지 잘하고 자식들 잘 키워 모두 제 갈길로 보냈고 이제 내 삶의 건강한 노년을 한껏 누리는 중이니까. 자기를 관리하고 계발하는 데 투자하면서 그 재미에 시간가는 줄 모른다. 문학공부, 수영, 스포츠댄스를 즐긴다. 마음의 여백을 얻기 위해 화초를 기르고 분재 가꾸기를 한다. 내가 가진 것의 나눔을 실천하고자 동화구연과 한글지도를 하면서 다양하게 삶의 폭을 넓혀가고 있으니 할머렐라라고 불러도 괜찮을 듯하다.

그런데 생활이 분주하다 보니 생각할 시간이 적어진다. 특히 글을 쓰는 자는 다독多讀하고 다사多思해야 다작多作할 수 있다고 하는데 말이다. 물론 세상에 쉬운 일이 어디 있을까만 글 쓰는 일이 내겐 가장 어려운 일이다. 그리고 글 쓰는 일이 우선인 내가 잠시 깊은 잠에 빠진 것 같다. 동화구연에 취하고 한글지도에 빠져 그간 나의 문학을 위한 투자에 소홀했던 시간을 반성한다. 좋은 글을 쓰고 싶다는 소망이 큰 만큼 글에 매달려야 할 것이다.

3부

신비한 산, 마이산

내장산 나들이

옛 선현을 찾아서

아담한 도량 용문사

말없는 산하를 바라보며

아름다운 성을 찾아서

독일을 배운 여행

남십자성

신비한 산, 마이산

따가운 햇살에 가을이 농익어간다. 단풍내 풍기는 가을바람이 불어오면 잔잔한 마음이 일렁거린다. 솔곳이 만산홍엽에 물든 산과 들이 보고 싶어진다. 가을의 정취를 만끽할 수 있는 곳이 어디냐. 뭐니 뭐니 해도 산이 제일이다.

7할이 산이라는 국토. 그래선지 내 고장 전북은 사방팔방 산으로 둘러싸여 있다. 하늘과 땅 사이에 뿌리 깊게 내린 산, 산, 산. 첩첩 포개진 아름다운 경관 속에 유적의 숨결을 품고서 무한 세월을 허허로이 서 있다.

전주시를 양쪽에서 둘러싸고 있는 완주와 김제 땅을 걸친 모악산 정상 아래 '쉰길바위'가 아기를 안고 있는 형상과 같아서 모악산이라 했다던가. 진묵대사가 수도하던 대원사와 수왕사를 거쳐 정상을 향해 오르노라면 법구경이 울려 퍼져 마음이 평화로워진다. 모악산은 산이 아니라 어머니라는 말이 생각난다. 어머니 품에 안긴 듯 편안하고 넉넉하다. 정상 너머엔 금산사가 포근하게 안겨 있다. 이 산은 전주시민의 일일산행길로써 마치 전주시의 산 같다.

뿐만 아니라 정읍에 뿌리내린 내장산, 바다 낙조와 산이 모두 일품인 고창 선운산, 만산홍엽의 절정미를 주는 무주 적상산도 있다.

또 있다. 전라도와 경상도에 버티고 서 있는 영산 지리산, 전라도와 충청도를 경계 지으며 호남의 소금강이라 불리는 대둔산도 있다. 명산을 전주의 동서남북에 두르고 있는 것이다. 그러니 마음만 내키면 아무 쪽에 발길을 두어도 한두 시간이면 산자락에 닿는다.

가을바람 따라 동쪽으로 간다. 인삼의 고장 진안으로. 그곳의 대명사 마이산으로. 마이산은 참 기이하고 신비한 산이다. 부부봉으로 산 전체가 수성암이다. 말의 귀가 쫑긋 솟은 듯하다 하여 마이산이라는데, 숫마이산과 암마이산으로 불려지고 있다.

마이산은 자연과 인간이 만든 걸작이 아닌가 싶다. 태고적 자연이 만든 마이산에, 90년 전 인간 이갑룡 처사가 기도와 기적으로 쌓아올렸다는 돌탑이 심한 바람에도 무너지지 않아 신비함을 간직한 산이다. 겹가을의 단풍내음이 물씬 풍긴다. 북쪽 주차장에서 계단을 따라 올라가다, 양쪽으로 마이봉이 갈라지는 협곡 지점에 잠시 쉬었다. 왼쪽의 숫마이봉에 화암굴이 있고, 오른쪽 암마이봉에 가 보려면 철계단을 올라야 한다. 갑자기 사람들을 따라 오르고 싶어진다.

철계단을 따라 천천히 올라갔다. 오를수록 숨이 막히는 듯 힘이 든다. 희망의 봉우리를 눈앞에 보건만 오르는 마음은 점점 조급해진다. 산길을 따라 올라가던 길이 끊기고 가파른 바위산에 밧줄이 보였다. 나무와 나무 사이에 옭아매어 있는 밧줄. 사람들은 그 밧줄에 몸을 의지하여 서로 꼬이고 꼬여가며 오르내리고 있었다. 오르기도, 내려가기도 어중간한 지점에서 갈등이 생긴다. 남들 다 하는데 나라고 못하랴 싶어 포기하기가 싫었다. 올라가야 한다는 생각에 밧줄을 잡았다. 난생처음, 그것도 이순을 넘은 나이에 밧줄에 온몸을 맡기고 오르는 산행은 고달팠다. 몸도 마음도 괴롭기 한량없지만 정상을 향해 한 발 한 발 옮겼다. 어쩌면 내 생애에 처음 맞닥뜨린 공포의 순간이었다. 그러나 드디어 정상을 밟았다.

정상에 오르자 해냈다는 기쁨에 가슴이 벅찼다. 눈앞에 펼쳐진 시방산세十方山勢가 형용할 수 없는 형국이다. 높은 데서 낮은 데를 바라보는 맛이 다르다. 소슬한 바람결에 가랑잎들이 바스락거린다. 만감이 교차된다. 마이산 정기를 한꺼번에 들이마실 듯이 심호흡을 했다. 흠뻑 안겨보는 즐거움에 힘이 솟는다.

마이산은 크지 않지만 개성 있는 산임엔 틀림없다. 벌집 모양의 타포니 지형 봉우리로 솟아 있다. 그래선지 산의 이름도 다양하다. 계절에 따라 다르게 불려진다. 봄에는 돛대봉, 여름엔 용각봉, 가을엔 마이봉, 겨울엔 문필봉으로 불렀다. 시대별로는 신라시대엔 서다산, 고려시대엔 용출산, 조선조 태조 때엔 속금산이라 하다, 태종 12년 이후부터 말의 귀와 같다 하여 마이산이라 불렀다고 한다.

마이산에는 구전되어 내려오는 전설이 있다.

아득한 옛날 남녀 두 신선이 이곳에서 자식을 낳고 살았다. 하늘의 때가 이르러 등천할 때, 남신이 "우리가 등천하는 모습을 아무도 봐서는 안 되니 밤에 떠납시다." 하는데 여신이 밤에 떠나는 것은 무서우니 새벽에 떠나자고 했단다. 새벽에 떠날 즈음, 마침 새벽 일찍 물 길러 나온 동네아낙이 마악 등천하려는 두 신선을 보고 놀라 소리치는 바람에 등천이 틀어져 버렸다. 이에 남신이 화가 나서 "여자 말을 듣다 이 꼴이 되었구나." 하고 탄식하다가 그 자리에 '바위산'을 이루고 주저앉았다고 한다.

알고 나면 더 잘 보인다던가. 진안 쪽에서 산을 보면 동편 아빠봉에 새끼봉이 둘 붙어있는 듯하고, 서편의 엄마봉은 죄

스러워서 등을 돌리고 앉아 고개를 떨구고 있는 모습이다.

어찌 보면 산은 신의 영험을 무언으로 대변해 주는지도 모른다. 단련이 덜된 나에게 경사가 심한 마이산행은 사치스런 괴로움이었지만, 그 괴로움은 인생을 깨닫는 요인이 되며 삶의 윤활유가 되어주었다.

산을 사랑하는 사람들은 산을 어머니라 한다. 또 포근한 여인의 품 같다고 한다.

> 수가송무水歌松舞 석불미소石佛微笑
> 물이 노래부르고 나무가 춤을 추니 석불이 미소짓는다.

은수사 주지께서 마이산이 바로 부처라고 말씀하신다. 산을 통해 무욕과 겸손을 배우고 행하는 일이 나를 다스리는 일이다.

속세를 벗어난 듯 마음이 경건해진다.

내장산 나들이

밤사이 하얗게 물이 든 천지에 아침햇살이 방긋거린다. 세상이 은빛으로 곱디곱다. 며칠 후면, 새천년 새해가 열린다. 소리 없이 다가오는 아쉬움과 설레임, 그리움으로 가슴은 뒤범벅이다. 갑자기 새하얀 눈길을 하염없이 걷고 싶다.

마음이 있으면 서로 통한다던가. 좋아하는 시인 친구들과 내장산 나들이를 떠나기로 했다.

녹지 않은 눈길을 조심조심 달리는 차창 너머로 설화가 피어난 산자락이 그림으로 다가온다.

내장산 입구 호수공원 한켠에 정읍사비와 망부석, 그 아래 세운 지 얼마 안 되는 박정만 시인의 시비가 우리 일행을 반긴다. 양지 뜸에 앉아 그리운 이름 부르며 초연한 모습으로 환하게 길 밝히는 시비. 읽고 또 읽었다.

산 아래 앉아

메아리도 살지 않는 산 아래
그리운 이름 하나 불러봅니다
먼 산 물소리에 녹을 때까지
입속말로 입속말로 불러봅니다

내 귀가 산보다 더 깊어집니다.

하얀 광목을 펼쳐놓은 듯한 설원에서 나이도 잊은 채, 추위도 아랑곳 않고 아무도 밟지 않은 흰 눈에 발자국을 찍고, 벌떡 누워 눈 사진을 찍으며 눈싸움, 눈꽃놀이에 신명을 낸다. 눈밭을 뒹굴던 어린 시절의 추억이 삼삼하다.

명경 같은 내장저수지. 하얀 산봉우리 물그림자는 용궁 입구처럼 잠겨 있다. 그 위에 청둥오리, 쇠물닭이 물살을 가르며 무리지어 한가로이 떠다니는 모습을 보노라니 내 마음도 호수처럼 맑아진다.

골골이 녹지 않은 눈꽃 사이사이로 비취빛 날개를 펴고 연신 퍼드덕거리며 오르내리는 어치 두 마리. 어렸을 적 친정집에서 보던 수묵화 화폭에 앉아 있는 두 마리의 새가 바로 이 어치였을까. 생각에 잠겨 있는데 산비둘기 한 마리 날아와 어치와 함께 평화스런 정경을 선사한다.

이래서 사람과 자연이 어우러지고 서로 좋아하는 걸까. 어치와 산비둘기를 마음에 안았다. 어느새 날아왔는지 박새, 딱새, 방울새들이 시샘하듯 재잘거린다.

산은 말없이 앉아 있지만 사람들이 지나치며 입방아 찧는 소리, 모든 미물들이 꿈틀거리는 것만으로도 세상 돌아가는 조짐을 안다던가. 묵묵히 만물을 포용하는 산의 마음을 닮고 싶다.

내장산에는 잡목이 많다. 멀리 보이는 산등성마루는 요즘 신세대들이 무스를 발라 곧세운 머리결처럼 보인다. 산등성이, 산모롱이, 산비탈은 허연 속살 그대로 드러내놓고 있다. 마른 잎 하나 걸치지 않은 나목을 보면서 "옷의 아름다움보다 살의 아름다움이, 살의 아름다움보다 뼈의 아름다움이 더 아름답다" 는 김용옥 시인의 시를 이제야 알 것 같다. 산세를 훤히 드러내 놓고 있는 겨울산. 바라만 봐도 속이 확 뚫려 시원하다.

케이블카를 타고 오르는 산 아래에 선홍색으로 농익은 감들이 주렁주렁 달려 있다. 위로 오르니 빨간 열매가 자잘하게 달려 있는 나무 한 그루에 눈길이 멎었다. 겨울철 산새들에게 먹이가 되어주는 그 나무는 이나무란다. 그 아래 천연기념물인 굴거리나무도 비상하려는 새처럼 파란 깃을 움츠리고 금방 도약이라도 할 것 같이 늠름하다.

눈을 밟으며 전망대로 가는 길에 싸락눈이 운해를 이룬다. 감탄이 절로 난다. 한 발 한 발 다가서는 곳마다 소금강 축소판 같은 기암괴석에 운치 있게 눈이 쌓였다. 발길이 저절로 멈춰지는 이곳이 연자대(문필대)란다. 내장사 선사들이 글씨를 잘 쓰게 해 달라고 기도했던 곳. 예전 같으면 푯말을 읽고 그냥 지나쳤을 이곳에 서서 선사가 된 기분으로 문필쌍전을 기도했다. 소복히 쌓인 눈처럼 문필복을 축적해 놓은 것 같아 저절로 눈과 귀가 트이는 듯했다.

서래봉, 불출봉, 원적암, 금선폭포로 이어지는 산줄기를 바라다보는 것만으로도 행복하다.

단풍을 바라만 봐도 숨막히게 아름답던 터널. 싹눈이 금방이라도 피어오를 듯 물올라 불그스레하다. 불타는 가을 터널을 지나는 기분으로 사찰 입구에 들어섰다. 대웅전 법당에는 스님의 염불소리와 향내음이 가득하다. 부처님께 참배하고 새해 축원을 접수했다.

금선폭포 가는 길엔 인적이 드물다. 조용한 산사의 설경. 하얀 눈밭에 산짐승의 발자국과 우리 일행의 발자국을 뒤섞으며 산중에서 해지는 줄 모르게 하루가 흘렀다.

내려오는 길에 주지스님이신 범여 스님을 뵈었다. 법문이

넘치는 무상무념의 꼿꼿한 기개, 마음을 깨쳐 선행의 도리를 하도록 지혜로운 삶을 인도하신다. 손수 달여 주시는 다향을 흠뻑 들이마시며 싱그럽고 감미로운 감로차로 찌든 마음을 씻어냈다. "참 좋은 인연입니다." 라고 찻상보에 새겨진 글귀. 한적한 겨울 산행에서 범여 스님과 무언의 인연복을 더했다.

하룻길에도 좋은 인연을 만나 여러 가지 마음공부를 했으니 복된 날이다.

옛 선현을 찾아서

봄바람이 살랑댄다. 그동안 움츠렸던 허물을 벗고, 낙낙한 삶의 여정을 따라 바람을 쐬러 나서고 싶다. 마음이 풍선처럼 봄바람으로 가득 부풀었나 보다.

이심전심일까. 내 마음을 꿰뚫기라도 하듯, 보길도로 봄나들이를 가자는 남편의 제의에 쌍수를 들었다. 봄기운이 온몸에 퍼져 훈훈하고 생기가 돋는 듯하다. 보길도를 밟아 볼 수 있는 기회가 그리 흔한가. 몇 년 전, 땅끝마을까지 갔지만 짧은 일정에 보길도 행을 미루고 되돌아와 항상 마음 한켠에 머물어 있던 곳이 아닌가. 벌써 남녘의 봄이 손짓한다.

망망한 창해가 펼쳐지는 바다 가운데 훼리호가 미끄러지듯 떠간다. 청천을 바라보니 가슴이 툭 트인다. 잔잔한 바닷길을 따라 장관을 이루는 작은 섬, 섬, 섬들. 봄바람이라기엔 아직 시린 바닷바람이 온몸을 밀어붙여도 추운 줄 몰랐다. 땅끝을 떠나 잠시 넙도에 들렸다가 섬 속의 도시처럼 보이는 노화도를 지나 보길도에 닿은 50여분의 뱃길. 만경창파란 이런 것이구나. 투명한 남해의 선경에 취해선지, 내가 바다와 하늘 사이를 가르는 한 마리 새가 되고 있었다.

보길도는 선홍빛 동백꽃으로 치장하고 있었다. 윤기 있는 진초록잎 사이 사이에서 벙긋거리는 동백꽃. 아직 서툰 걸음으로 멈칫거리는 봄을 마중나온 것처럼 동백꽃이 웃고 있다.

병풍처럼 둘러 있는 연봉 아래 동천다려에서 여장을 풀었다. 저녁식사후 동천다려에 들려 차를 마시며, 보길도의 시인 한 분으로부터 고산문학의 산실인 보길도와 고산 윤선도의 생애, 그리고 그 발자취에 대한 얘기를 들었다.

고산 윤선도孤山 尹善道(1587~1671년)는 문인이기 이전에 정치를 꿈꾸던 인물이다. 풍류를 즐기며, 건축과 논 간척사업을 할 정도로 돈으로 할 수 있는 일을 다한, 선비로는 호화로운 생활을 했단다.

보길도는 독특한 섬이지만 섬이 아니라 산이란다. 보길도의 격자봉에 올라서면 맑은 날엔 제주도 한라산이 보일 정도란다. 어느 곳에서나 다도해를 볼 수 있다나. 보길도의 14개 마을 해변마다 진흙벌, 은빛 모래, 깻돌, 현무암 등등 독특하게 널려 있어, 화려하거나 미려하지는 않지만 편안한 곳이라고 귀뜸해준다. 섬 주변의 산세가 "연꽃이 피어나는 형상"이라 하여 부용동이라 명명했으며 그 절경이 금강산 삼일포보다 낫다는 말을 들을 정도로 보존할 만한 가치가 있는 땅이라 했다.

동쪽 해안 예송리 해수욕장은 동백나무 방풍림으로 둘러싸여 있다. 해변에는 백사장 대신 깻돌(검은 조약돌)이 가득했다. 동글동글 모나지 않은 몽돌들은 장난감 같았다. 어린 시절로 돌아간 듯 알맞은 크기의 돌을 골라 공기놀이도 하고, 바다에 던져 멀리 던지기 시합도 했다. 환경이 저절로 동심의 우리이게 한 것이다. 어촌의 냄새가 물씬 풍겨왔다. 아낙들은 갓 건져 올린 생미역을 곳곳에 널어 바람에 고실고실 말리느라 분주했다. 생미역귀를 따내던 아낙이, 인심 좋게 미역귀를 따주며 먹어 보란다. 바닷내가 물씬 풍기는 미역귀는 미끄럽고 싱싱했다. 아삭아삭 미역귀를 씹는 맛이 아낙의 인심마냥 상큼했다. 조약돌을 밟는 발자국소리도 사각사각거렸다. 아삭아삭, 사각사각 들리는 음률이 예송리의 소리였다.

이제 옛 선비를 만나 보아야겠다. 고산의 흔적을 찾아서 세연정으로 향했다. 곳곳이 소나무와 동백나무 숲으로 어우러져 있다.

고산은 51세 때 보길도에 들어와 거처인 낙서재를 짓고, 속세를 벗어나 자연의 품에 안겼다. 풍류객들이 시를 읊었던 곳. 한국 선비사상의 문화유산이 된 정자 세연정. 정원 안에 인공으로 회수담을 만들어 물이 자연스럽게 흐르게 만든 연못 세연지. 한국의 정원 양식 중 가장 아름다운 정원 풍경이 극치를 이룬다. 고산이 풍류를 즐기며 청풍명월을 읊었던 세연정에서서 과학적이고 지혜로운 감각이 돋보이는 선인의 한평생을 헤아려 보노라니 고산의 시조 한 구절이 읊조려진다.

산수간 바위 아래 띠집을 짓노라 하니
그 모른 남들은 웃는다 한다마는
어리고 향암의 뜻에는 내 분인가 하노라.

옛 향기가 그윽한 정원을 나와 격자봉과 마주한 동천석실을 향했다. 동백나무와 상록수로 된 숲터널을 따라 천연 바위계단에 오르니 눈앞이 환하다. 부용동 제일의 절승지라 할 만큼 커다란 바위 위에 자리잡은 동천석실. 한 평 남짓한 석실은 정사각형 정자다. 바위가 빙 둘러진 주위는 낭떠러지다. 마치 하늘과 땅의 중간 지점 토방만한 곳에서 바라보는 전망이 산수화를 보는 듯하다. 고산은 여기서 부용동 전경을 한눈에 내려다보며 차를 즐기고 신선처럼 소요하며 독서를 즐기곤 했으니 별유천지가 따로 있을까. 보이는 것마다 시였을 거 같다. '오우가'와 '어부사시사' 등 국문학사상 금자탑이 되는 시를 통해 우리말을 더욱 빛냈다.

'오우가'가 절로 터져 나와 우리는 소리에 맞춰 암송을 했다.

내 벗이 몇이나 하니 수석과 송죽이라
동산에 달오르니 긔 더욱 반갑고야
두어라 이 다섯밖에 또 더하여 무엇하리.

고산이 65세 되던 해에 보길도 부용동에서 '어부사시사' 40수를 지었다. 본래 고려시대부터 민간에 구전되어오던 어부가를 조선시대의 이현보라는 학자가 개작했는데 이에 만족하지 않고 고산이 춘하추동 각각 10수씩 전체 40수의 긴 시조로 완전히 개작했단다. 보길도의 아름다운 사계절과 어부의 생활터전인 바다의 풍광명미를 선명하게 그려낸 것이다.

선비는 지조를 숭상하고 의를 좇아 꿋꿋해야 한다고 하지만 길다면 긴 일생동안 그리 살기는 결코 쉬운 일이 아닐 터. 다만 적신으로 왔다가 적신으로 가는 인생길임을 알고 옛사람의 가르침을 실천궁행하는 일에 마음쓰는 것이 잘 사는 거 아닐까.

보길도, 그 속에 안겨 살아 보고 싶어진다. 그러나 다만 할 수 있는 일은 너른 바다에 묵은 마음을 훌훌 털고, 새로운 희망으로 선비정신을 새기며 살아가는 일일 것이다.

아담한 도량 용문사

마음이 숭숭한 날은 바람을 쐬고 싶다. 일상에서 벗어나 자연과 선풍仙風에 젖어 보고 싶다.

길을 나섰다. 시원하게 벋어난 길 위에 잠자리 떼 지어 날고 멀리 가까이 크고 작은 산들이 몽울몽울 솟아 있다. 앞서거니 뒤서거니 고만고만한 산에서 초록바람이 일렁일렁거린다.

가슴을 열고 모든 것을 포용하는 숲과 파란 융단 같은 들판이 내 마음을 비집고 들어선다. 수목과 맑은 계곡, 쉼터를 마련해주는 숲그늘, 사찰이나 작은 암자가 들어 있는 산을 바라보며 길을 따라간다.

화심온천 못 미쳐서 '용문사'라는 안내표찰이 눈에 띄었다. 무작정 이정표를 따라갔다. 한적한 풍경에 가슴 먼저 설레인다. 동네를 지나 평평한 오솔길에 들어서니 우렁찬 매미소리가 마중한다. 누리장나무꽃이 벙글벙글 피었고 여뀌꽃이 건들거린다. 소나무가 빽빽한 산길을 걷노라니 심신이 개운해진다. 높지도 깊지도 않은 산길에서 걷는 마음이 절로 한가롭다.

길을 가다 우연히 발길이 닿은 곳이다. 인연이 닿은 것일까. 도량에 들어서니 대웅전이 환하게 맞아준다. 갓 시집온 새색시가 곱게 분단장하고 서 있는 듯하다. 색깔이 선명한 단청으로 보아 대웅전 불사를 이룬 지가 얼마 되지 않은 것 같다. 건축미가 뛰어나고 고풍스런 사찰은 아니지만, 인적이 드문 고즈넉한 산사의 모습 그대로다. 마당에 미륵불이 있고 미륵불 왼쪽에 폭포수가 흐른다. 미륵보살의 미소는 수많은 사람들의 공덕을 기리고 부처님 가까이에 갈 수 있는 마음을 일게 한다. 한 폭의 그림처럼 작고 아담한 도량에 서서 몸과 마음건강을 합장했다.

인연복이 닿아야 복을 지을 수 있고, 불심이 깊어야 도량에 발을 디딜 수 있다는데, 그저 이곳에 서 있는 것만으로도 복을 얻은 기분이다.

법당에 들어가 석가삼존께 참배를 했다. 세 분 부처님의 생생한 미소는 청복을 내리시듯 자비로움으로 가득하다. 부처님

품안에 잠시 머물 수 있는 오늘 하루만이라도 내 마음에 부처님의 진리가 가득하기를 빌었다.

다시 경내를 둘러보았다. 대웅전 벽면의 벽화는 석가모니 일생을 그린 변상도다. 대웅전 위로 고색창연한 암자가 용문사의 영험을 전해주듯 최초의 기도장이었던 흔적으로 남아 있다.

미륵불 바로 옆으로 흘러내리는 폭포수가 절경이다. 치마폭처럼 너른 암반이 깔려 있고, 이끼낀 바위 위에서 내리치는 폭포수, 솟구치는 물방울 속에서 금방이라도 용이 튀어나올 듯한 운치다. 그 아래 소에서 용의 그림자가 어른거리는 듯했다.

쏟아지는 폭포수의 투명하고 희디흰 물살을 시리게 바라본다. 득음에 열중하는 소리꾼처럼 폭포수 소리보다 더 크게 목청을 돋우어 보지만 내 소리는 온데간데없다. 대신 하르르 한 구절의 싯구가 폭포수를 따라 흘러내린다.

청산은 나를 보고 말없이 살라 하고
창공은 나를 보고 티없이 살라 하네
사랑도 벗어놓고 미움도 벗어놓고
물처럼 바람처럼 살다 가라 하네.

세상욕망 다 버리고 이곳에 머물고 싶어진다. 이럴 땐 스님의 말씀이라도 듣는 게 상책이다. 주지스님을 뵙고 싶어 요사채 문을 두드렸다. 스님께선 산행, 만행, 고행 출타중이라며 웬 보살이 반겨준다. 부처님을 향해 서성이는 내 부족한 불심을 위로하듯이 보살은 "내 삶이 바르면 그것도 불공이지요." 라고 하신다. 부처님의 마음을 안고 사는 보살의 말씀이어선지 마치 부처님의 말씀처럼 부드럽고 편안하다. 그 기운이 내게 그대로 전해진다.

용문사에는 전설이 있었다. 보룡이라는 신비의 형산으로 폭포 아래쪽에서는 암용이 놀고 폭포 위에서는 숫용이 놀았는데 어느 날 용이 여의주를 물고 등천했다고 한다. 가을이 깊어서 활엽수들이 모두 옷을 벗고 나면 마치 등천하는 용의 형상을 한 산세가 뚜렷이 드러난다고 한다. 그리고 대웅전 자리는 용의 혈로, 운장산 정기를 받아 영험이 충만한 도량이라 한다. 그래설까. 한때는 몸이 편치 않은 사람들, 고시공부 하는 사람들이 머물기도 했단다. 삶에 지친 중생들의 마음을 어루만져 주고 편안히 쉬게 하며 용문사 도량을 지켜온 보살의 꿈은 크다. 앞으로 훌륭한 스님이 새롭게 부처의 길을 간다면 용문사를 보시하고 싶단다. 얼마큼 마음을 비워야 이토록 무욕의 경지에 달할 수 있을까. 담소를 나누며 많은 것을 얻었다. 어느새 한여름 더위를 잊고 말았다. 하루일진이 이렇게도 맑고 감사할 수 있을까. 잠시 번뇌 망상을 잊고 시름도 잊었다. 용문사 도량을 돌아 나오는데 부처님의 성금언이 들린다.

'모든 것은 마음으로부터 나오고 마음으로부터 이루어진다. 맑은 마음을 가지고 말하거나 행동하면 행복이 그를 떠나지 않으리라. 마치 그림자가 그를 따르듯이.'

말없는 산하를 바라보며

여행이란 말만 들어도 가슴이 술렁거린다. 나이를 먹어도 어린애 같은 설레임이 일어나는 까닭은 왜일까. 새로운 것에 대한 호기심, 다양한 체험, 궁금증을 풀고 싶은 욕심 때문일까.

8월 중순, 백두산 여정에 올랐다. 노을 지는 이국의 하늘을 바라보며 연길의 숙소로 가는 길에 거리의 간판이 눈에 익숙하다. 한글을 먼저 쓰고, 옆으로 아래로 한자가 표기된 간판을 보면서 중국 땅인데도 한국의 거리를 지나는 듯했다.

연길에는 조선족들이 많이 살고 있어 언어소통이 편하다.

이곳 사람들의 생활은 20년 전의 한국을 연상하면 그만이지만, 우리 민족의 비극이 깔려 있는 곳이라는 생각을 하니 가슴이 미어져 온다.

연변에 있는 백두산을 향하여 버스에 올랐다. 우리의 영산 백두산을 외국땅을 밟고 간다는 게 마음이 아팠다.

평강 벌에 흐르는 해란강을 지나면서 일송정이 서 있던 산봉우리에 시선을 꽂아 본다. 푸른 솔 한 그루 있다 해서 일송정이라 했다던가. 한 그루의 낙락장송이 아들 점지의 기도처요, 조선 독립투사들의 연락장소였다. 조선인의 정기를 끊기 위해 일본인들이 사격연습장으로 만들어 수난을 겪게 하더니 결국은 후춧가루를 뿌려 아름드리 소나무를 죽여 없앴단다. 지금은 그 자리에 작은 소나무 한 그루를 심고 정자를 세웠다니 울분이 일어난다. 선구자의 혼이 푸른 들녘을 지금도 말 달리는 듯 바람이 일렁인다. 누가 먼저랄 것도 없이 '선구자' 노래를 합창을 했다.

뿌연 먼지를 내며 비포장도로를 달리는 창 밖에 돌산이 보이고 나지막한 야산 곳곳에 밭작물이 풍성하다. 해바라기, 옥수수, 콩 등이 한여름 땡볕에 익어가는 소리가 들린다. 듬성듬성 보이는 초가집도 친숙하다. 지나가는 달구지를 보면서 어린 시절 달구지 뒤에 날쌔게 올라타던 추억이 비집고 나와 나도 모르게 웃음을 흘렸다. 인기척도 없는 마을에 소, 오리, 닭들이 평화롭고 한가롭다. 울안에는 다알리아, 서광, 봉숭아, 나리, 맨드라미, 과꽃, 달맞이꽃 등이 피어 있다.

백두산 가까이에 원시림이 울창하다. 보랏빛 야생화가 군데군데 피었고 노랑, 하얀 풀꽃들, 빨간 열매를 맺은 말오줌나무가 다섯 시간의 피로를 풀어주듯 피어 있다. 원시림에서 들리는 까치소리도 신선하다.

멀리 장백폭포가 보인다. 천지별 문에서 하얀 폭포 물줄기가 물안개를 날리며 쏟아지고 백양나무, 자작나무가 날씬한 자태를 뽐내며 환영하는 인사라도 하듯 바람에 흔들린다.

화창하던 날씨가 천지 입구에 다다르니 심상치 않다. 변덕스런 날씨가 하루에도 몇 번씩 심술을 부린다기에 걱정도 된다. 이곳의 기후를 예측할 수 없어 천지 구경을 못하는 경우가 70%라니 오늘 운수를 하늘에 맡길 수밖에. 눈으로 못 보면 마음으로라도 본다는 생각으로 짚차에 올랐다. 천지문을 통과하여 울창한 임해를 따라 콘크리트와 보도블록으로 된 구절양장 꾸불거리는 길을 오른다. 해발 1100~1700m 사이에 미송, 전나무가 드넓게 숲을 이루고 있다. 오를수록 나무들이 곧게 자라지 못하고 누워있는 듯하다. 고산지대엔 나무는 없고 키 작은 풀꽃, 구절초 등이 깔려있다. 이끼와 돌만 무성한 산길을 막 지나는데 짚차 유리창에 빗방울이 하나 둘 떨어진다. 왠지 가슴이 떨려온다. 여기까지 와서 비를 만나다니. 그래도 혹시나 하고, 천지에 닿기 전에 비가 그치기를 빌었다.

하늘만 보이는 백두산 주차장. 풀 한 포기 없는 화산 모래밭이다. 가파른 언덕받이를 약 200m 더 오르려니 숨이 차오른다. 천지를 본다는 게 그리 쉬운 일이 결코 아닌가 보다.

장백산이란 이름으로 안아 보는 우리의 영산 백두산. 천지에 닿으니 언제 빗방울을 떨구었냐는 듯 맑고 환한 모습을 드러내고 있지 않은가. 오묘한 백두봉 16개가 병풍처럼 둘러 있는 천지. 구비구비 물그림자가 비쳐들어 천지의 물색은 오묘함이 넘친다. 하늘과 천지의 조화. 하늘인지 천지인지 분간하기 어려울 정도로 신비하다.

소리 없이 기쁨을 안겨준 천지의 비경을 볼 수 있다니. 넋 놓고 앉아 바라다본다. 남북통일이 되어 직접 우리나라 땅으로 올라왔다면 감회가 더욱 깊을 텐데, 하는 마음이 든다.

천지물 한 사발 떠 마시면서 정신과 육신의 고통을 씻어내고 싶다. 옥빛으로, 쪽빛으로 우러난 물을 다만 내 마음의 호수에 가득 채웠다.

큰숨으로 들이마시며 천지 공기를 온몸에 불어 넣었다. 천지 바람에 마음을 깨끗이 씻고 민족의 염원을 빌었다. 그리고 한줌의 흙을 흩날렸다. 바람에 날려 남으로 남으로 내려가라고. 입에선 '우리의 소원' 노래가 저절로 흥얼거려졌다.

아름다운 백두산 천지, 바라만 봐도 힘이 솟았다. 덕이 있는 사람은 외롭지 않다던가. 천지는 지혜로운 사람이나 어리석은 사람을 모두 포용할 줄 아는 군자처럼 침묵을 지키고 있다. 언제 다시 와 볼 수 있을까. 아쉬움도 잠깐, 장백폭포에 닿았다.

장백폭포. 천지벌 문에서 떨어지는 폭포수, 물안개꽃 망울 망울 절경을 이루는 운해, 모두가 장관이다. 생전 처음 와 보는 곳이라 더 경탄스러운가도 모르지만, 곳곳이 절경임에는 틀림없다.

길목 바위틈에서 온천수가 솟아오른다. 온천수에 계란을 넣고 삶아 팔고 있다. 유황 함량이 많다는 장백산 온천에서 우리 가요를 들으며 내가 서 있는 곳이 한국인지 남의 땅인지 잠깐 잊어버렸다.

이제 찾아가야 할 곳은 항일독립운동의 발상지인 용정 대성 중학교였다. 윤동주 선생의 시비가 교사 현관 앞 양지 바른 곳에 서 있다. 시비 앞에서 잠시 마음을 가다듬었다.

죽는 날까지 하늘을 우러러
한 점 부끄럼이 없기를
잎새에 이는 바람에도
나는 괴로워했다.
별을 노래하는 마음으로
모든 죽어가는 것을 사랑해야지
그리고 나한테 주어진 길을
걸어가야겠다.
오늘 밤에도 별이 바람에 스치운다.

(1941. 11. 20)

이 시를 가슴 깊이 새겨지도록 읽어 보았다. 그러나 그 뜻을 진정으로 모다 이해할 수 있을까? 이 위대한 시인은 왜 요절할 수밖에 없는 운명이었을까?

윤동주님의 친필 원고와 '하늘과 바람과 별과 시' 초간본 시집, 교내 문예지 '별' 복간본 등을 돌아보다가 윤동주님의 사진 앞에 섰다. 죽는 날까지 한 점 부끄럼 없기를, 내가 나에게 약속을 하면서 마음을 가다듬었다. 우리의 역사가 살아 숨쉬는 이곳에 서 있다는 것만으로도 경건하고 감사한 마음으로 애국자가 된 느낌이었다.

다시 비포장도로를 달린다. 두만강으로 가는 길이다. 곳곳에 보라색 쑥부쟁이와 노랑 금불초가 피었다. 담배농사를 많이 짓고 있는 마을 입구에 기념비 하나 서 있다. 윤동주님의 생가터란다.

금수강산을 찾고 저 이역의 거친 땅에서
온갖 풍상고초를 다 겪으며
헌신한 무명투사 그 얼마이던가.
속절없이 사라진 하얀– 이슬과 이슬……
겨레의 한 가슴에 별처럼 돋아나
영원토록 빛 뿌려가리!

생가 마당엔 싸리나무, 봉숭아, 나팔꽃 등이 피어 있고, 두레박 샘이 그대로 남아 있어 마치 내 어릴 적 고향에 오랜만에 돌아온 느낌이었다.

울퉁불퉁 뛰는 버스 창밖으로 산이 보인다. 북한 회령땅이란다. 나무가 적어선지 산의 색깔이 좀 다르다. 저곳이 북한이라니. 가슴이 설레인다. 북한과 중국의 경계를 이룬 두만강. 강가의 미류나무가 잔잔히 흔들리고 있다. 반가운 손짓인 듯도 하고 이별의 손짓 같기도 하다.

'두만강 푸른 물에……' 노랫말처럼 강물은 맑고 푸르게 유유히 흐른다. 물의 깊이가 어른의 무릎 정도다. 이런 샛강을 찰박이며 걸어가면 그곳이 바로 우리의 땅이련만.

중국국경 삼합에서 한 발만 내디디면 두만강 다리. 그리고 바로 잡힐 듯 보이는 우리 회령땅. 이산가족의 슬픔과 아픔을 모르겠지. 저 강물만 끊임없이 옛처럼 흐르고 있다. 말없는 우리의 산하를 바라보며 뭉클해지는 가슴만 쓸어내렸다.

아름다운 성을 찾아서

곳곳에 노란 영춘화꽃이 피어 있다. 우리 화단에 있는 영춘화와 똑같은 꽃. 봄을 맨 먼저 맞는 꽃이라서 영춘화라는데 독일엔 벌써 봄이 오나 보다.

교육의 도시 하이델베르크 거리 거리엔 젊은 학생들이 많았다. 최초의 독일대학인 하이델베르크 대학생들을 보며 덩달아 마음이 젊어진다.

하이델베르크 성을 향해 가파른 길을 걸었다. 숨을 고르며 성 입구에 다다르자 시내가 한눈에 보인다. 시가지를 끼고 유유히 흐르는 네카어강과 빽빽하게 들어선 집들. 주황색 지붕들이 안정되고 따뜻하게 보인다.

이곳의 성은 영주의 주거공간인 궁전으로 웅장하고 아름다운 르네상스시대 건축물이다. 30년 전쟁과 프랑스와의 전쟁을 겪으며 파괴된 곳을 계속적으로 보수하고 개조했다지만 곳곳이 무너진 채로 역사의 흔적으로 남아 있다.

거대한 술통(와인)이 그대로 보존되어 있는데, 770만 명이 마실 수 있는 술통이라나. 과거의 부와 권력의 흔적, 오랜 역사와 문화의 전통이 숨쉬는 유물이다. 박물관 전시실을 제외하고 궁성안 넓은 뜰은 화단으로 꾸며져 있다. 이곳에서 가끔 음악회를 열어 고궁을 한껏 활용하게 한단다. 이곳의 유물은 영원히 보존되고 사람들의 발길 또한 끊이지 않으리라는 생각을 하면서 성안을 거닐었다.

네카어강을 건너기 위해 테오로드호이스 다리에 서니 언덕위의 고풍스런 고성이 한눈에 들어 끝없이 걸어보고 싶어지게 한다.

'철학자의 산책로'를 향해 걸었다. 언덕배기를 향해 구불구불 오르는데 양옆 돌담에는 초목들이 아이비처럼 싱싱하게 늘어져 있다. 돌담에 이끼가 고색창연하다. 이 길을 많은 시인과 예술가들이 거닐며 무슨 생각을 했을까. 이곳을 예찬한 대표적 예술가는 괴테란다. 마리안네 폰 빌레마라는 아름다운 여성과 사랑에 빠진 곳이니 그럴 만도 하다. 철학자가 된 기분으로 사색에 잠겨 걷고 또 걸었다.

다음 날, 지역열차(완행열차)를 타고 이곳 저곳을 돌아다녔다. 역마다 쉬어가는 열차 안은 어딜 가나 비슷했다. 학생들이 올라타며 무엇이 그리 우스운지 깔깔거리며 즐거워한다. 이따금 지역민들이 올라타기도 한다. 순박하게 살아가는 사람냄새 나는 세상을 보여주는 것 같다. 열차는 달리고 달렸다.

남부독일로 내려갈수록 밤새 내린 눈이 녹지 않은 산 전체가 크리스마스 트리로 장식된 것처럼 화려하고 환하다. 곳곳에 은백색 설화가 피어 참 아름다운 풍광이다. 생나무를 베어 트리를 만들 정도로 나무가 많은 나라임을 실감할 수 있다.

퓌센이 가까워지는지 높은 산이 그림엽서처럼 펼쳐진다. 눈이 내려선지 대리석으로 조각해서 만든 산처럼 알프스산이 단아하고 아름답다. 그림으로만 보아오던 알프스 산맥을 보니 저절로 탄성이 나왔다. 그 앞에 서니 신께 묵념을 드리듯 경건해진다.

퓌센역에는 노이슈반슈타인 성이 기다리고 있다. 세 개의 호수를 낀 산 중턱 위의 아름다운 백조의 성. 루트비히 2세의 꿈을 지어놓은 성. 날씬하고 우아한 모습으로 그야말로 백조처럼 우뚝 솟아 있다. 동화에 나오는 성처럼 환상적이고 아름다운 하얀 성. 월트 디즈니가 디즈니랜드의 성을 지을 때 모델로 삼았다고 할 정도로 그림처럼 아름다운 성. 17년이란 세월에 걸쳐 권력과 거액의 재력을 총동원해 심혈을 기울여 이 성을 완공했지만 루트비히 2세는 3개월만에 비명의 죽음을 당했단다.

눈이 많이 내려 미끄러운 눈길을 쌍두마차를 타고 올라가는데, 너무 추워 발을 동동거리며 모포를 덮어써야 했다. 마차에서 내려 비탈길을 걸어 들어갔다. 높은 설산에 올라와선지 손이 꽁꽁 발이 꽁꽁 추위가 엄습했다.

루트비히 2세는 음악가 바그너의 후원자였단다. 성 전체를 장식하고 있는 벽화들도 모두 바그너 음악의 주제들을 묘사한 것으로 천장의 벽화들이 화려하다. 음악실 벽에는 파르시팔의 생애를 묘사하고 특수한 음향장치로 발코니에서도 들을 수 있게 했으니 얼마나 음악을 사랑한 감성적인 사람인가. 서재에는 탄호이저의 모험담을 그려놓았다.

'왕관의 방'은 온통 금과 보석으로 치장되었다. 왕관 모양의 대형 상드리아는 금으로 만든 촛대와 루비, 사파이어, 에메랄드가 촘촘히 박혀 번쩍번쩍 빛나지 않는가. 방마다 넘쳐나는 보물은 화려의 극치다. 마치 보석으로 장식한 보석박물관에 온 느낌이다.

'백조의 방'도 대리석과 보석으로 꾸며졌고 그가 사랑한 동물이 백조여서 그런지 실물크기의 백조가 방을 지키고 있다. 침실, 기도실, 인공동굴 등의 모든 도구들이 금장이다.

이곳의 보석만 팔아도 독일이 백년을 먹고 살고도 남을 정도라니 어마어마한 보물고에 틀림없다. 이 궁전을 짓는데 얼마나 많은 인력과 고통과 거액의 비용이 들어갔을까. 부귀영화를 누린 호사스런 삶의 끝마저 의문의 죽음으로 막을 내린 루트비히 2세의 생애는 지금도 많은 사람들의 관심거리가 아닐 수 없다.

설경의 아름다움이 한눈에 들어온다. 그가 어릴 적 살았던 휘렌시오 궁전이 위를 올려다보듯 아담하게 서 있다. 고전적이고 아기자기한 아버지의 성보다 더 크고 화려한 궁전을 지으며 인간의 무한한 능력을 과시한 왕. 자신의 초상이 남는 것을 싫어한 것은 왜일까. 운명의 장난일까. 사진 한 장 남기지 않은 그의 얼굴이 더 보고 싶어진다. 역사의 한 페이지에 남은 비극적 삶의 그림자가 어른거리는 듯하다.

가깝게 보이는 산에선 폭포수가 흘러내려 당시 백성들의 눈물이 흐르는 것 같다. 권력과 부의 흔적이 화려한 조명 아래 빛을 발하고 있다. 그동안 많은 사람이 고통 받고 힘들었으나 그 후손들은 아름다운 역사 유적을 관광상품화하여 경제적 도움을 받고 있다. 역사의 아이러니구나 싶다.

현재. 지금 내가 서 있는 역사의 시간. 과거와 미래를 이어주는 시간에 서서 과거를 만나고 있다. 여러 의미로 이 과거와의 만남은 행복한 시간이었다. 그 느낌과 흔적 또한 아름답게 새기고 싶다.

독일을 배운 여행

며칠간 낮에는 졸리고 밤에는 올빼미처럼 뒤척뒤척거리다 늦잠을 잤다. 여독 탓인지 심신이 혼미하더니 일주일쯤 지나니 정신이 든다. 겨우 시차를 극복했다.

여행이란 말만 들어도 신나는 일이다. 새로운 세상을 만나기 위해 가슴 설레며 꾸는 꿈이다. 만나는 즐거움, 보는 즐거움, 꿈을 키우는 즐거움이다. 일상을 접고 자유롭게 새로운 세상을 만나 보는 여행은 삶의 보너스다.

2003년은 무척 바빴다. 아들과 딸의 결혼식을 겹쳐 치르느라 동분서주하던 마음을 추슬러 본다. 이제야 큰 짐을 벗었다고 생각하니 한결 홀가분하다. 애들은 기분전환도 할 겸 여행이라도 다녀오라고 권하지만 일상적 생활에서 벗어난다는 것이 왠지 쉽지가 않다.

궁하면 통한다는 말이 진실로 통했나 보다. 마침 막내딸이 유학생활을 하고 있는 독일에 한번 오라는 초청이다. 애들이 서둘러 비행기표와 독일 철도패스를 사는 등 도움을 받아 부랴부랴 짐을 꾸렸다. 우리 내외는 막내사위랑 보름간의 여행길에 올랐다.

인천공항을 이륙해서 고도상공을 날으는 비행기 안에서 내려다 본 구름이 인상적이다. 위로만 올려다본 구름이 아닌 발아래에 펼쳐진 다양한 형태의 구름. 양털을 깎아 쌓은 듯하고, 철썩철썩 파도가 몰려오는 듯하며, 산호꽃이 활짝 핀 바닷속이 연상된다. 어찌 보면 남극의 빙하가 둥둥 떠다니는 듯하더니 눈보라가 몰려와 넓은 들판에 은백색의 대지를 이룬 듯하다. 유유히 흘러가는 구름을 보니 내가 손오공처럼 구름을 타고 하늘을 나는 착각이 인다.

해질녘이다. 멀리 수평선 너머로 잘 익은 홍시색깔처럼 환하게 노을이 걸려 있다. 환희와 경이로움이 절정에 달하는 모습에서 백지처럼 하얀 내 마음도 불그레 물든다.

노을이 숨고 나니 어둠을 뚫고 별 하나 돋아나 곰살궂게 반짝인다. 저 별은 뉘 별일까. 갑자기 막내가 생각난다. 안전하게 즐거운 여정이 되기를 비는 막내의 기도로 기적처럼 떠오른 별 같아 한참을 바라본다. 밤길을 안내하는 등대처럼 반짝이는 별. 비행기는 별이랑 번쩍번쩍 교신하며 밤길을 날아갔다.

갑자기 입안에서 노래가 맴돈다. '인생은 나그네 길……' 아무리 고된 삶이라도 여유를 갖고 즐길 줄 아는 삶이 좋은 삶이라고 하지 않은가. 시쳇말로 "딸 낳으면 비행기 타고, 아들 낳으면 버스를 탄다."고 하더니 난 딸 덕에 이만한 여유를 즐기니 마음은 한없이 부자다.

집에서 출발하여 뮌헨까지 꼬박 하루의 여정이다. 현지시간 22시. 막내딸이 마중을 나왔다.

밤새 잠이 오지 않는다. 겨우 한두 시간 정도 눈을 붙였을까. 날이 새 버렸다.

독일에선 12월 초순부터 크리스마스 이브까지 크리스마스 시장이 열린다. 어느 도시를 가나 시청 광장에 칸칸이 지어진 특별장터에서 크리스마스 준비를 위한 재료, 여러 가지 장난감, 고장의 특산물, 먹을거리 등 다양한 물건을 팔고 있다. 선진국답게 물건값이 비싸다.

독일인들은 공공장소에서 줄서기에 익숙하다. 관공서, 정거장, 화장실까지 사람들이 모이는 곳이면 아무리 급해도 줄을 서서 앞사람이 일을 마쳐야 순번에 따라 일을 본다. 앞사람이 오랜 시간을 끌어도 누구 하나 불평하지 않고 기다렸다가 차근차근 일을 본다. 서두르지 않고 기다릴 줄 아는 그들의 모습이 아름답다.

우리나라의 3배나 넓은 땅에 인구는 8,100만 정도다. 어디를 가나 산이 보이지 않는 넓은 들이다. 호남평야보다 훨씬 드넓은 들녘의 끝이 보이지 않는다. 네모 반듯한 밭에는 파릇파릇한 새싹들이 겨울을 저만치 몰아낸 듯하다.

어디를 가나 제일 부러워지는 게 교통체계이다. 도시와 도시가 연결되는 시간은 두세 시간이 보통이지만 교통체계가 우수하여 참 편리했다. 독일 철도패스 하나면 해결된다. 초고속열차 이체(ICE)를 타 보았는데 시속 290km를 달려도 소음과 진동이 없이 쾌적하여 여행의 재미를 느낄 수 있었다. 열차마다 칸칸이 다르기도 하다. 가족끼리 여행할 수 있게 유리로 칸막이가 되어 있고 무선 인터넷을 할 수 있는 코드, 사무를 볼 수 있는 편리한 간이책상, 자전거를 보관하는 곳 등 승객 위주의 편의시설이 한없이 부러웠다. 역내는 완전 개방되어 개찰 집찰 제도가 없이 기차를 타고 내릴 수 있어 시간이 절약되고 서로 믿고 사는 천사들의 세상 같다. 승차권은 열차 안에서 검사하고 하루를 넘기지 않는 한도 내에서 가는 도중에 다음 도시에서 내려 볼일을 보고 다시 들어오는 기차를 타고 목적지까지 갈 수 있는 철도정책은 본받을 만하다.

도시마다 버스보다 시가전차를 많이 이용한다. 전차표는 평일, 토요일, 휴일 등의 차비가 다르다. 평일에도 출근시간이 지나 9시가 넘으면 차비가 싸단다. 복잡하면서도 질서 있는

체계가 아닌가. 전차정류장엔 시간과 전차가 들어오는 시간이 몇 분 남았다는 시각까지 안내한다. 기다리는 사람도 지루하지 않다. 정확하게 시간을 맞춰 나온다. 참 정확한 사람들이다. 전차는 높지 않게 만들어져 휠체어나 지체장애인들에게 편리하게 만들어졌고 도로는 전차, 버스, 택시가 함께 어우러져 다니고 있다. 거리에선 자가용이 별로 눈에 띄지 않는다.

전차표를 사서 본인 스스로 체크를 하며 타고 내린다. 누가 표 검사를 하는 사람도 없다. 그러나 갑자기 승차권을 검사할 때 무임승차를 한 사람은 한 달분 승차료 정도 되는 40유로의 벌금을 내야 한단다. 모두들 양심과 믿음의 편리함을 맛본다.

주택은 겉으로는 허술하게 보인다. 그렇지만 내부는 아주 견고하고 깨끗하며 편리하단다. 창문이 많아도 외풍이 없는 것으로 보아 건축기술이 대단함을 느꼈다.

밤에는 전등을 잘 켜지 않는다. 해가 지면 주택가는 금방 어둠이 깔린다. 집집마다 전등빛이 밖으로 새어나는 걸 못 봤다. 어두운 곳에서 더 밝은 빛을 볼 수 있기 때문일까. 환한 전깃불이 밖으로 새어나면 이웃에 대한 예의가 아니라는 거다. 책을 읽을 때는 혼자만 쓸 수 있는 스텐드를 사용하지만 그렇지 않을 때는 자그마한 촛불을 켜고 생활한다. 근검절약하는 습관은 본받아야 할 점이다. 검소하고 합리적인 그들에게 사회보장이 잘 되어 이젠 해이해졌다고 하지만 남에게 피해를 주지 않는 사람들이다.

그동안 막내딸에게 베푼 온정을 갚으려고 지도교수님 내외와 친구들에게 저녁식사를 대접할 겸 음식점으로 초대했다. 그들은 흔쾌히 승낙하고 시간을 내주었다. 교수님을 보는 순간 우뚝한 콧날에 파란 눈에서 빛이 난다. 예리하면서도 아주 평범한 아줌마 같은 인상이 어쩐지 낯설지 않다. 딸애의 결혼식 비디오테이프를 통해 우리 부부를 접했다며 구면이라는 조크도 잊지 않는다. 그리고 우리 전통예식인 폐백의 모습이 인상적이었는지 한국 전통의상과 음식이 화려하고 독특하다며 관심을 보였다. 한국의 문화에 여러 가지 궁금함을 묻고 대답하는 내내 이국인이라는 걸 잊고 화기애애했다.

식사가 끝나자 그들은 각자 계산을 했다. 전부 우리가 내겠다고 했지만 극구 사양하는 그들에게 고맙다는 말을 한 마디도 할 수 없었다. 실력 이상의 것을 바라지 않는 그들이기에 잘 봐줘서 고맙다는 말은 통하지 않는다. 선물도 조그만 것에 감사하는 그들의 일상이기에 마음 편하게 대했다.

낯선 사람들의 삶들. 기이하고 신선한 인상들이 내 눈을 즐겁게 했다. 아는 만큼 보고, 본 만큼 즐기고, 즐긴 만큼 생각하면서 성숙해지는 게 여행의 참맛임을 톡톡히 누렸다.

아름다운 추억 하나에 새로운 힘을 얻는다. 이국의 이모저모를 보면서 느긋하게 살아가는 법을 터득했다. 더 멀리 눈을 뜨고 새로운 삶의 방식을 맛보기 위해 또 다른 여행을 떠나고 싶다.

남십자성

남양의 훈풍이 신선하다. 뉴질랜드 남섬 크라이스트처치에서 마운틴쿡을 향해 가는 길이다.

달리고 달려도 초원이 끝없이 이어진다. 초록색 융단을 펼쳐 놓은 것 같은 언덕에서 양떼와 소떼가 한가롭게 풀을 뜯고 노니는 풍경이 너무나 평화롭고 그림 같다.

드넓은 초지에는 인가도 움막도 인기척도 없다. 오로지 우리가 탄 버스만 신나게 달릴 뿐이다. 초지조성이 잘된 드넓은 초원에서 양떼와 소들, 사슴 무리들이 저희들끼리 어울려 군

무하듯이 간간이 드러날 뿐이다. 농부들의 일손이 부족하여 축사도 없이 자연방목으로 목축업을 한다는데 그 풍경이 가경이다. 하늘을 지붕 삼아 비가 오면 비를 맞고 눈이 오면 눈을 맞고, 바람이 불면 바람을 맞으며 강인한 삶을 살아간단다. 어찌 생각하면 스스로 살아간다고나 할까? 가축들의 낯선 모습이 나의 가슴을 뭉클하게 한다.

바다 밑이 지각변동으로 솟아올라 땅이 된 곳이라더니 기암괴석들로 이루어진 절벽이 부지기수다. 멀리 구름이 내려앉은 것 같은 만년설산, 빙하가 녹아 만들어진 우유빛 호수에 탄성이 절로 나온다. 눈이 시리게 아름다운 풍광을 바라보며 지구상에 가장 아름다운 낙원이란 말이 실감난다.

비가 내린 뒤도 아닌데 갑자기 맑은 하늘에 쌍무지개가 떴다. 얼마만에 보는 무지개인가. 누가 먼저랄 것도 없이 무지개를 바라보며 탄성을 지른다. 파란 하늘에 또렷이 그려진 무지개. 마술사가 하늘에 그려놓은 환상의 아취다리 같다. 여행객들의 마음을 기분 좋게 흔들었다.

차를 달리고 달렸다. 무려 다섯 시간이나, 오가는 차가 별로 눈에 띄지 않는 길을 달렸다. 가도 가도 끝없이 그림 같은 초지와 호수뿐이다. 우리나라는 짧은 여행길에도 온통 휴게소나 음식점이 즐비하지 않은가. 역시 청렴하고 깨끗한 나라라는 걸 알 것 같았다.

드디어 헤르미티지 호텔에 도착했다. 만년설로 가득 메워진

골짜기와 빙산으로 이루어진 뉴질랜드의 알프스. 뉴질랜드는 북섬과 남섬, 두 개의 커다란 섬으로 이루어진 땅인데 그중 남섬의 최고봉인 마운틴쿡(해발 3.753m)이 찬란히 펼쳐져 있다. '구름을 뚫고 나온 산' 이라는 뜻처럼 맑은 하늘을 배경으로 하얗게 솟아 있다. 병풍처럼 둘러 있는 설산에선 지구온난화로 산꼭대기의 눈이 계속 아래로 흘러내려 빙하가 녹아가고 있다 한다. 저 장관을 보며 내 가슴은 툭 트이는 것 같았다.

다음 날 아침, 햇살의 노크에 창문을 열고 마운틴쿡을 찾아보니 온데간데가 없다. 조반을 먹고 나니 하얀 마운틴쿡이 어느 새 다시 솟아났다. 눈이 즐겁고 마음이 즐겁다. 심신의 피로가 절로 풀어지는 것 같았다.

관광할 곳은 많은데 시간은 빠르게 흘러갔다. 뉴질랜드 북섬에서 달밤에 체조하듯 노천온천욕을 하면서 바라본 하늘은 유난히도 맑았다. 아름다운 신화가 가득 담긴 별들이 각자 자기모습을 뽐내며 은은한 빛을 내리고 있었다. 반짝 반짝 신호를 보내며 대화를 나누는 것도 같았다. 금방이라도 쏟아져 내릴 듯한 별들을 바라보자니 갑자기 남십자성을 찾아 보고 싶었다. 그래 바로 이거야. 무언가 한 가지라도 특별한 것을 얻는 게 있어야겠다는 생각이 머리를 스쳤다.

우리나라에선 볼 수 없는 별이지 않은가. 말만 들었지 뚜렷이 기억이 나지 않았다. 뉴질랜드는 우리나라와는 다른 별자리들의 나라가 아닌가. 헬수없이 돋아 있는 별무리 중에서 어떻게 남십자성을 찾을까? 방향조차 가늠되지 않는 깊은 밤에 말이다. 그러나 나는 '남쪽나라 십자성은 어머님 얼굴……' 노래를 흥얼거리며 이국의 하늘에서 한번도 눈에 익히지 않은 별자리를 찾느라 열심이었다. 그래서 내 맘대로 남쪽을 향해 서서 우선 네 개의 별을 찾기로 했다. 먼저 마름모꼴이나 사다리꼴로 이루어진 네 개의 별로 좁혔다. 누구에게 물어볼 수도 없는 일이어서 혼자서 끙끙대다 수첩에 별자리를 그대로 그렸다. 희미하지만 밝은 별이 나를 향해 웃고 있는 것 같았다.

귀가하자마자 국어사전과 인터넷을 뒤져보았다. 마름모꼴로 이루어진 남십자성을 찾는 순간 얼마나 기뻤는지 모른다. 우리나라에선 북극성이 길잡이가 되지만 남반구에선 남십자성을 기준으로 남쪽을 찾는다 한다. 남쪽 하늘의 은하수 사이에 유난히 밝은 별들 남십자성을 그대로 손녀들에게 보여주지 못해 서운하다. 나는 뉴질랜드의 이저런 얘기와 함께 자신있게 별자리를 그려 설명해줄 수 있는 것만도 즐거웠다.

아이들이 자라서 어른이 되면 뉴질랜드에 갈 기회가 흔해질 터다. 그때 아이들이 할머니와 함께 그려본 남십자성을 찾아볼까? 그 생각까지도 즐거웠다.

4부

뿌리를 알아보면서

커다란 뿌리공예품이 예술의 극치를 이루고 있다. 이제껏 보아온 어느 뿌리공예 작품보다 웅장하다. 공작새 대여섯 마리가 찬란한 날개를 펴고 둥그렇게 서 있는 것 같은 운치다.

나는 지금 전북 완주군에 있는 동상수목원의 전시관에 서 있다. 저만한 뿌리를 가진 나무는 만인의 사랑을 흠뻑 받아온 어느 고장의 수호신이 아니었을까. 뿌리의 짜임새로 보아 보통의 나무는 아니었을 것 같다. 밑둥만 보고 캐기 시작했을 때 속 깊은 뿌리의 번짐은 알 수 없었을 텐데. 뿌리가 세상빛을 보기까지 작가는 예술정신으로 인내의 땀을 흘렸을 것이다. 그러길래 보는 이에게서 감탄과 찬사가 절로 나오겠지.

사람들도 뿌리가 있다. 그 뿌리를 찾기 위해 한때는 초등학생들에게 뿌리찾기 운동도 벌였다. 본관은 어디이며 시조는 누구이고 몇 대손인지, 가계도를 그려가며 각각의 뿌리를 알아보는 숙제를 내어 배우게 했다.

바쁜 생활에 쫓기는 현대인들은 자신의 뿌리찾기에 소홀하다. 잃어버리거나 잊고 사는 게 한두 가지랴. 나를 조명하고 집안의 가계를 돌아볼 틈이 없기에 자기 집안의 역사를 잊어버리고 살아가는 게 요즈음의 세태가 아닌가.

어느 날, 짐정리를 하다 1990년도에 발행된 누렇게 빛바랜 지방신문을 보면서 시어머니의 뿌리를 발견하게 되었다. 남편의 반쪽혈통을 찾은 거라고 할까. '뿌리의 재발견'이다. 썩지 않은 뿌리가 뿌리공예품으로 변신되어 뿌리의 멋스러움에 감탄을 연발하게 하지 않던가. 나는 남편에게 그리고 우리 자녀들에게 아름답고 단단한 뿌리가 되는 이야기를 들려주고 싶어졌다.

뿌리의 빛은 이러했다. 「광복 45주년‥전북인 45인」 '재조명해 본 선각들의 정신'이라는 타이틀로 다섯 번째로 소개된 엄청나게 큰 뿌리다. 시어머니와 30년 넘게 살았지만 현실에 안주하며 살아가는 걸 미덕으로 아셨는지 집안 계보에 대해선 통 말씀이 없으셨다. 고명딸인 시어머니는 유모와 몸종을 데리고 곽씨 집안으로 출가했다. 출가외인이기에 친정과는 멀리한 것일까? 아니면 내가 너무나 바쁘게 세월을 헤쳐 오느라 도통 관심 있게 듣지 않아서 모르고 있는 것일까? 빛바랜 신문 쪼가리와 남편의 가물가물한 어린 시절의 추억을 뒤적여서야 겨우 토막토막 알게 된 사실에 후손으로 부끄러움을 느낀다.

춘헌 이영일春軒 李永日선생. 그분은 시어머니의 큰 오라버니시다. 그러니 남편의 큰외삼촌인 셈이다. 부안 지방의 선구자요 부안 교육의 아버지로 불리울 만큼 자신의 일생을 육영사업에 몸바친 분이라는 걸 알았다. 만석군으로 기묘년(1939년)에 흉년이 들어 아사 직전에 있는 굶주린 주민들에게 양곡을 나눠주어, 그 후 은혜를 입은 주민들이 세워준 송덕비, 적선비, 시혜비, 구휼비 등이 부안군 내에 10여 개가 있었다고 한다. 이처럼 덕을 베풀면서 자신의 생활이나 행동에서는 조금도 만석군의 냄새를 풍기지 않아 더욱 존경을 받은 것이다.

배일排日사상이 투철하여 한복만을 고집했다. 신학문에 몰두하면서 우리 겨레가 일제에서 벗어나려면 교육의 힘으로 인재를 양성해야 한다고 믿었기에, 1941년 지금의 부안중학교 자리에 영명학원을 설립했다. 부안중학교와 부안농림고등학교는 공립으로 넘기고 여성교육의 필요성을 인식하여 다시 오늘날의 부안여자중고등학교를 설립하여 사학재단으로 존속하고 있다. 사람은 죽어서 이름을 남기고 호랑이는 죽어서 가죽을 남긴다는 말이 스친다.

역사의 소용돌이 속에서도 한평생을 고장의 육영사업에 몸을 바치고 굳굳하게 지조를 지키며 덕을 베풀면서 떳떳하게 생을 마친 분이다는 걸 알고 보니 말씀이 없으셨던 시어머니를 이해 할 것 같다.

나에게도 2남 2녀의 자녀가 있다. 뿌리가 튼실하지 못하여 자식들에게 물려줄 게 아무것도 없다. 다만 마음을 비우고 형제자매끼리 우애하고 존중하면서 서로 조화를 이루며 세상을 살아가기를 희망한다. 말보다 실행이 앞서는 사람, 신중하게 생각하고 선택하는 지혜로운 사람, 남을 배려하고 나눔을 실천하는 아량있는 사람, 이 세상에 쓸모있고 남이 필요로 하는 사람이 되는 게 오직 간절한 소원이다.

각자 가정을 위해 얼마나 노력하며 살아갈 수 있을까? 재산과 우애 중 어느 것을 더 소중하게 선택할까? 따뜻한 마음으로 서로 믿고 사랑하면서 모두를 감싸줄 줄 아는 현명한 자식들이 되기를 기도한다. 그리고 훗날 자신의 뿌리가 반듯하게 땅속 깊이 박혀져 튼실하고 옹골진 열매를 거둘 수 있는 힘을 내기를 기대해 본다. 노력해서 안 되는 일은 없다. 나의 아이들이 끈기와 인내로 모든 일을 희망적으로 최선을 다하여 살아가기를 바란다.

자식들이 본 나의 삶은 어떠했을까. 자랑스럽지는 못하더라도 부끄럽지 않은 삶이었으면 좋겠다. 내 삶을 다시 한번 뒤돌아본다.

어버이날에 할아버지 할머니를 찾아온 손자 손녀들이 재롱을 떤다. 나의 귀중한 보석들의 장기자랑이 아름답게 반짝인다. 눈도 반짝, 코도 반짝, 입도 반짝. 내 마음은 눈이 부시다.

버리는 연습

사람이 나이를 먹으면 외로움이 인다던가. 또 나이가 들수록 그리운 게 많아진다던가. 고향의 냄새, 정든 사람과 추억, 동기간의 사랑이 외로움을 삭이는 청량제가 된다. 사람은 나이를 먹으면서 삶의 조량을 감지하나 보다.

금년 봄, 여든두 해를 맞이하는 친정어머니의 생신축하를 위해 형제들이 모였다. 자식들의 의견일치로, 대가족이 무주리조트로 이동하였다. 한 자리에 북적일 수 있을 만큼 넓은 장소를 택한 셈이다. "오래 살다 보니 이런 데도 와 보는구나." 하시며 어머니는 흐뭇해하셨다.

각지에서 모인 자식들(7남매)을 하나 하나 둘러보는 어머니는 병아리를 품에 안은 어미닭처럼 편안하게 보였다. 이제 당신이 더 어린애같이 보이건만 밤이 깊어가는 줄도 모르고 자식들과 마주앉아 따뜻하게 사는 지혜를 일깨워주신다. 그러는 동안 눈물과 한숨으로 지낸 세월의 아픔을 말끔히 치유한 듯 표정이 환하시다. 어머니 앞에서 신명난 자식들. 어렸을 적 추억을 회상하며 이야기는 끝없이 이어졌다. 어머니는 아버지 이야기가 나오자 "너희 아버지는 빈손으로 갔지만 받을 것이 많아 궁하지 않을 것이다." 하시며 지난 날 남들에게 뿌렸던 아버지의 인정을 자랑스럽게 말씀하셨다. 온화한 성격으로, 성실한 삶을 살아가도록 몸소 실천으로 가르쳐주신 아버지가 더욱 그리워진다.

어느 해 할아버지 제삿날, 아버지께서 지방을 쓰고 남은 먹물로 백지에 한 획 한 획 작은 붓으로 글씨를 써내려가셨다. '松竹梅'라는 글자와 '百忍'이었다. 평소 붓을 잡지 않던 아버지께서 일필휘지로 눈 깜짝할 사이에 백지를 메꾸었다. 그리고선 고개를 갸웃거리더니 빙그레 웃으며 내게 건네주셨다. 이런 아버지의 모습을 보며 할머니의 아버지 자랑을 떠올렸다.

아버지가 학교에 입학하기 전, 서당에서 공부를 했단다. 아버지는 항상 장원을 독차지했고, 시샘어린 친구들이 아버지 얼굴에 까맣게 먹칠을 해도 아무렇지도 않다는 듯이 집으로 돌아와 얼굴을 씻어내더란다. 아버지가 쓰셨던 글자와 이 얘기에 아버지의 생활철학이 배어 있다는 걸 오랜 뒤에야 깨달았다.

신축년 삼월 십일 향당서辛丑年 三月 十日 香堂書라고 여백을 메운 '松竹梅'와 '百忍'을 쓴 종이 두 장을 고이 접어 간직했다.

그해 10월, 나는 직장생활을 시작하게 되었다. 기거하던 방문 위에 아버지가 써 준 글씨를 종이채 밥풀로 살짝 붙였다. 오며 가며 눈만 뜨면 보이는 아버지 필체를 보면서 객지의 외로움을 달랬다. 말수가 적은 아버지의 가르침은 '百忍'이라는 단 두 글자였다. 그 글귀에서 아버지의 웃음이 배어나오는 듯했다. 매일 보고 또 보면서 참는 연습을 한 셈이다. 그러니 내 삶의 등대가 된 사람은 아버지다. 아버지는 침묵 속에서 희망과 용기를 잃지 않도록 도와주셨다.

결혼 후, 까맣게 잊었던 아버지의 작품이 다시 세상빛을 보게 되었다. 넓은 집을 마련하여 이사할 때, 아버지의 글씨를 편액으로 만들었다. 명필가의 수려한 서체는 아니지만 내가 가장 아끼는 보물이었다. '松竹梅' 편액은 큰방에, '百忍' 편액은 딸아이 방에 걸었다. 매일같이 아버지를 대하는 내 마음을 누가 알까. 서예가로서 명성깨나 있는 분의 서액을 뒤로 접는 내 심사를 눈치 채고 아무말없이 동의해 준 남편이 참 고마웠다.

이제 그동안 고집스럽게 아끼던 편액을 동생들에게 주고 싶다. 김씨 집안의 가보로 삼고, 설움도 미움도 원망도 모두 버리고 행복한 마음으로 열심히 세상을 살아가라고.

남는 건 사진밖에 없다며 찍은 사진들. 본인이 아니면 누가 얼마나 보아 줄 것인가. 묵은 사진첩에서 동생들의 옛 사진을 골라냈다. 동생들의 생글생글 웃는 어린 모습은 활짝 핀 꽃이다. 동생들의 사진을 하나 하나 각각의 봉투에 담았다.

세월에 훌쩍 밀려나는 기분이 들기도 한다. 서서히 주변을 정리하고 버리는 연습도 해야겠다.

옛집이 그립다

안개 낀 들길을 지나고 꽃길을 따라가다가 도심의 한켠에서 내가 살았던 집을 보았다. 들락날락거리는 사람들도. 철커덕 철커덕 요란한 기계소리가 내 귓전을 흔들 때 갑자기 눈을 떴다. 꿈이었다.

내 반생의 흔적이 깊게 뿌리박힌 곳. 유년과 성년을 굵히고 결혼을 한 후 차츰 멀어진 집이다.

흑백사진처럼 다가오는 어렴풋한 세월의 흔적들을 추억해 내려고 더듬거렸지만 가물거리기만 한다. 매정한 세월. 새로이 둥지 튼 터에서 잊고 살았기에 심통을 부린 것일까. 그러나 내 가슴 속에 그리운 옛집이 아직도 살아있다는 증거 같다. 꿈은 현실을 떠난 무의식의 사고라는데. 왜 이렇게 불현듯 환상처럼 나타나 보일까. 꿈속에서 다가간 그 집에 들어서지도 못했는데. 어인 일일까. 그러나 좋은 꿈일 것이다. 가장 평화롭고 행복했던 시절의 집을 보았으니까.

친정집은 초원 위의 그림 같은 집이 아니다. 그렇다고 반듯한 주택은 더더욱 아니다. 도심의 상가에 안채가 딸린, 마당도 없는 집이었다.

아버지는 세 채의 집을 성주하셨다. 안채에 맞대어 두 번째 지은 가게채는 목조 이층. 그 옆에 나란히 선 세 번째 건물은 벽돌로 지은 이층짜리 상가다. 다섯이나 되는 아들들은 아무도 아버지의 출판업을 이으려 하지 않았다. 그러니 욕심을 부릴 턱도 없다는 듯이 부모에게 의존하지 않고 모두들 자립으로 생활에 충실하고 있다.

세월은 바람처럼 흘렀다. 강산이 세 번이나 흐르는 동안 그 집은 남의 집이 되고 삼층으로 개축되었다. 아버지의 혼이 어린 그 집 앞을 지날 때마다 마음이 씁쓸했다. 고향집은 마음속에나 있지 영영 그 흔적이 없어지고 만 셈이니까. 그런데도 여전히 꿈속에서도 보이는 그 집. 그리고 어머니의 공간이었던, 무쇠솥 두 개가 걸린 부엌.

그 시절, 우리 집의 부엌은 편리한 편에 속했다. 입식은 아니지만 안방마루에서 찬방으로 통했고, 마루로 된 찬방은 부엌으로 통했다. 붙박이찬장이 벽에 붙어 있고, 위로 선반이 있어 다용도로 쓸모가 많았다. 소위 말해서 주부동선이 짧고 개량된 부엌 시설인 셈이었다.

그곳에서 하루 삼시 세 끼니를 차려 대가족을 먹였으니 어머니는 부엌에서 가장 많은 시간을 보내셨다.

이른 아침, 어머니는 제일 먼저 부엌바닥을 쓸고 부뚜막을 닦으셨다. 그리고 부엌에서 서너 발 떨어진 작두샘에서 길어 올린 첫물을 정화수 그릇에 담아 부뚜막 위에 놓았다. 조왕신께 온 가족의 안녕과 행복을 기원하던 어머니. 어머니는 행주가 닳도록 닦고 문질러 부엌을 반들거리게 했다. 마치 어머니 가슴 속에 있는 소원들을 빛나게 닦고 계셨는지도 모른다.

겨울에는 큰 무쇠솥에 따뜻한 물이 채워져 있었다. 작은 밥솥에선 열 식구의 밥이 고실고실하게 한 김 푹 오르고, 찬방의 석유난로에 올려진 냄비에선 찌게냄새가 코끝을 건드린다. 밥상이 차려지는 동안에 어머니는 무쇠솥에 늘어붙은 누룽지를 긁어내고 고소하게 숭늉을 만드시곤 했다. 노릇노릇 채반만한 누룽지는 얼마나 맛있는 간식이었던가.

어머니의 가마솥은 까맣고 까맣게 반질반질 윤이 나는 게 마치 동경 같았다. 아궁이 속에 붙은 새까만 그을음을 들기름이 절은 행주에 묻혀 닦아댄 가마솥은 마음까지 비쳐지는 듯했다.

부엌의 청결 상태로 아낙의 부지런함을 알 수 있다 하셨고, 혼자 사는 스님도 한 끼를 먹으려면 십리를 걷는다며 웬만한 일은 일 같지도 않게 여기셨다. 아직도 이런 어머니가 살아계셔서 난 행복하다.

어머니는 부엌일 하기 참 힘든 시절을 잘도 건너오셨다. 반세기 전 쯤, 어머니는 장작을 차곡차곡 쟁여놓는 걸 살림의 지혜로 삼았다. 나무 거간꾼이 실어다 준 참나무장작 다발을 첩첩 쌓아놓고 바라보는 재미는, 그 시절 어머니들이 누렸던 행복의 조건이었을까. 그때 어머니의 흐뭇해하고 안도하는 표정을 지금도 생생히 기억하고 있다.

긴긴 겨울밤이면 어머니는 단잠에서 깨어 새벽마다 군불을 땠다. 북풍 시리던 긴 밤 끝에는 온돌방이 식어버려 우리들은 어느새 웅크려들곤 했다. 그러나 어머니의 군불로 우리는 어깨를 폈고 아침에 더운 물을 쓸 수 있었다. 새벽녘의 깜빡 단잠도 어머니의 헌신적인 군불이 아니면 즐길 수 없었다.

연탄이 들어오면서 집집마다 아궁이 개량을 했지만 우리 집 무쇠가마솥은 어머니처럼 건재했다. 아궁이 속에 바퀴 달린 연탄화덕을 움직여 사용했다.

옛정이 묻어 있는 그 부엌, 어머니의 숨결이 밴 부엌문을 열고 다시 한번 들어서고 싶다. 어머니의 체취가 여기저기서 묻어날 것 같다.

어머니가 살림하시던 시절과 지금 내 살림살이를 비교해 보면, 난 놀고 먹는 형편이다.

도시가스에 가스렌지, 냉온수 척척 대주는 수도, 허리 한번 구부릴 필요 없는 씽크대와 식기세척기, 전기밥솥에 냉장고와 김치딤채, 세탁기, 난방시설 등. 일일이 어머니의 쉴 새 없는 일손으로 해결되던 것들이 지금은 너무나도 간편하게 해결되고 있다. 그렇건만 축 늘어지는 건 현대인들이니 알다가도 모르겠다.

봄비가 오려나 보다. 꿈 탓인지 군불 지펴진 방바닥도 생각나고 누룽지라도 고소하게 깨물며 뒹굴고 싶어진다. 고향집이 새삼스레 그립다.

정겨운 그 소리

어렵고 어려운 시절, 어머니는 고통의 넋두리마저 잊은 채 살았다. 참고 참아내는 끈질긴 힘으로 시대를 탓하지 않고 열심히 살았기에 어머니의 삶은 아름답다. 인연의 끈으로 살아온 과거, 희망의 손길로 미래를 안내하는 어머니는 장롱 속에도 추억을 남겨주셨다.

우리 집 장롱 속에는 몇 개의 보따리가 있다. 장롱을 지키는 수호신마냥. 내가 넣어 놓은 보따리지만 일일이 풀어 보기 전에는 뭐가 들어 있는지 알 수 없다. 언젠가 그 보따리를 풀어

내 삶을 정리하듯 장롱정리를 하여 없앨 것은 없애야겠다며 벼르기만 했다.

온통 초록으로 물든 7월 중순. 장마가 오락가락하기에 차분하게 집안일이나 하자고 맘먹었다. 먼저 장롱 안의 보따리를 꺼내어 풀었다. 세월을 가늠할 수 있는 추억의 선물들이 쏟아져 나왔다. 한마디로 내 혼수용품들이었다. 어머니가 만들어주신 광목버선, 이불 겉감과 광목 홑청, 잘 손질된 광목 반통, 모시 한 필, 옥양목으로 만든 방석보, 책상보, 옷덮개 등등 살림에 필요한 것들이지만 세월 따라 유행에서 벗어난 것들이다. 버리지도 못하고 사용하지 않으면서도 꽁꽁 넣어둔 것이다. 거기엔 어머니의 헌신적인 정성과 혼이 담겨 있기 때문이다.

내가 스무 살쯤 되었을 때, 어머니는 누런 광목을 몇 통인가 바래기 시작했다. 어머니는 내심 내 혼수준비를 한 것 같았다.

광목 일은 잔손질이 많이 가는 일이었다. 광목을 10자씩 끊어서 양잿물을 넣고 삶아 물에 울궈냈다. 물기를 머금은 광목을 빨랫줄에 나팔꽃 줄기 타듯 어슷어슷 널고 축 늘어진 빨랫줄을 긴 장대로 받쳐 올렸다. 빨랫줄 아래로 물이 뚝뚝 떨어지고 마르면서 누런 광목은 점점 하얗게 표백되어갔다. 햇빛에 바래고 바래는 일을 몇 날씩 되풀이해야 했다.

바래인 광목은 볕이 좋은 날을 잡아 푸새를 한다. 푸새한 광목이 알맞게 촉촉해지면 어머니와 마주 앉아 양손으로 당겨

서 비틀린 부분을 먼저 펴고 개켜서 깨끗한 마른 보자기에 싸서 밟았다. 그런 다음 다듬잇돌에 올려놓고 박달나무 방망이로 두들겨 주름을 펴가며 손질을 했다.

다듬이질이 시작되면 어머니는 한 손으로 몇 번 두드리다가 양손으로 두드리기 시작한다. 뚝, 딱, 뚝, 딱. 뚝딱, 뚝딱. 어머니가 먼저 두드리면 나도 뒤따라 어머니의 호흡에 맞춰 방망이를 두드렸다. 어머니의 팔이 빠르게 움직이면 나도 빠르게, 조금 느려지면 나도 느렸다. 우리 모녀의 장단은 점점 마음이 통하듯 흥겨웠다. 장단이 절정에 오를 땐 잦은 장단으로 몰아댔다. 그 소리는 어머니의 혼신이 울리는 생활의 소리였다. 뚝딱 뚝딱, 뚝따다뚝딱 뚝따다뚝딱. 어머니에 뒤질 세라 더 자진모리로 몰입했던 처음이자 마지막 다듬이질을 어찌 잊을 수 있을까. 손이 불어트기도 했지만 정겹기 그지없는 소리였다.

벌써 50여 년 전. 그땐 가을이 되면 집집마다 다듬잇소리가 그치지 않았다. 모시, 삼베, 명주, 무명 등 풀을 먹이는 천은 주로 다듬이질을 했다. 특히 모시나 명주는 홍두깨질을 했다. 홍두깨에 감아서 다듬잇돌에 올려놓고 다리를 쭉 뻗어 발로 홍두깨를 조정하며 방망이를 두드렸다. 홍두깨 소리는 더 경쾌하고 고음의 음률로 딸깍딸깍거렸다. 다듬이질은 무척 힘겨운 노동이었지만 어머니 세대들은 옛것을 그대로 답습했다. 우리 또한 우리 풍속의 일면을 보고 자랐기에 우리 것을 이해하고 사랑할 줄을 안다. 손끝이 야물어야 여자다웠던 그 시절,

다듬잇발이 반질반질 설 때까지 혼신을 다할 수 있는 힘은 곧 사랑의 힘이었음을 안다. 세상이 아무리 변해도 사랑의 힘을 버릴 수는 없지 않은가.

그런 세월이 엊그제 같은데 덧없이 흘러갔다.

합성섬유의 발달에 밀려 다듬잇감은 서서히 사라져갔다. 옷감의 가공법이 발전되고 인조섬유가 나오면서 다듬잇소리도 우리 곁을 떠났다. 다듬이질한 옷감의 아름다움과 다듬잇소리가 사라지고 옛이야기로 잊혀져갈수록 더 짙은 그리움이 된다.

아직도 이불장에는 어머니가 손수 만들어 준 이불이 있다. 손질이 까다롭고 불편하다는 이유로 요즘 나오는 간편한 홑청을 사서 끼우려다가 잠시 미루기로 했다. 너무 편리한 것에만 익숙해진 우리들의 생활을 한번 뒤돌아보고 싶어서다.

얼마 전이었다. 그 옛날에 해주신 겨울이불을 개비했다. 이불을 개비하고 큰일이나 한 것처럼 자랑삼아 어머니에게 이야기를 했다.

"그 이불은 목화솜이다. 솜은 목화솜이 최고다. 진짜니 버리지 마라. 두 개로 만들었다니 참 잘했다." 하시며 그 옛날 생각에 잠기신 듯했다.

가족을 위해 헌신하신 어머니의 삶. 어머니의 사랑의 선물인 이불 겉감과 광목홑청을 버릴 수 없는 것은 모녀간의 끈끈한 그리움이 묻어나는 정감을 영원히 간직하고 싶은 나의 욕심일 게다. 지금 세상에 쓸모없다 해도 장롱 안에 간수할 것이다. 내가 살아있는 한 영상처럼 떠오르는 추억을 안고 어머니와 함께 옛이야기꽃을 피우고 싶다.

어머니의 무릎

우리 자식의 요람으로 어머니의 무릎만한 게 또 있을까. 젖을 물고 편하게 잠들 수 있었던 어머니의 무릎. 방석처럼 푹신하고, 요람처럼 흔들흔들 침상으로 안성맞춤이던 무릎이 아니던가. 어머니의 젊고 건강했던 시절이 그리움으로 다가온다.

어머니는 늘그막에 무릎을 제대로 쓰지 못했다. 양쪽 무릎에 인공관절을 넣는 수술을 받느라 꼬박 두 달 동안 병원신세를 졌다.

어머니가 양손을 무릎에 얹어 수술자국을 어루만지고 쓸어

내릴 때면 코끝이 찡하고 마음이 아렸다. 어머니의 무거운 다리를 보면서 육신도 신록처럼 해마다 새로운 생기가 돋아난다면 얼마나 좋을까 하고 생각했다.

이순을 바라보며 어머니의 무릎은 시름거렸다. 30여 년 전 병원에서는 노인성 관절로 약도 없다고 했다. 퇴행성관절염으로 연골이 닳아서 온 아픔이므로 어찌할 수 없는 상황이랬다. 기계로 말하면 너무 오랫동안 써서 마모된 것을 의술로는 손을 놓을 수밖에 없다는 것이다.

어머니의 무릎은 점차 수난을 겪기 시작했다. 아픔이 심해질 때마다 때움질 식으로 용하다는 한의를 찾아가 침도 맞고, 뜸도 떴다. 주위 사람들의 말을 듣고 남들이 하는 대로 했지만 백약이 무효였다. 급할 땐 병원에서 물도 빼고 뼈주사도 맞는 등 갖가지 치료방법을 찾아 최선을 다하면서 버텨왔다.

팔순을 넘기면서 바깥출입도 어렵게 되었다. 막내아들은 휠체어랑 목발 대용으로 짚고 일어서 걸을 수 있는 보조기구들을 사 보냈다.

어머니는 상체에 비해 하체가 약해 불완전한 행보로 뒤우뚱뒤우뚱거렸다. 세월이 어머니 혼자서는 걷지 못하게 막아 지팡이에 의지하며 걸었지만 차츰차츰 그 기능마저 잃어갔다. 결국 휠체어에 몸을 맡기고 말았다.

세상이 좋아져서 인간의 수명이 연장되고 의술도 발달하여 수술을 권했지만 어머니는 한사코 손을 흔들며 마다셨다.

"살면 얼마나 산다고 수술을 해. 그냥 살다 가는 거지."

수술이라는 말에 겁도 나지만 자식들에게 폐를 끼치지 않으려는 어머니의 마음을 어느 자식이 헤아렸을까.

어머니는 엉덩이를 비스듬히 들고 앉은걸음을 걷기 시작하더니 어머니의 무릎은 펴지기는커녕 그냥 주저앉아 버렸다. 육중한 상체에 비해 빈약한 하체는 점점 일어설 수 없는 지경에 이르렀다. 부지런함이 몸에 밴 어머니는 앉아서라도 꼼지락 꼼지락 손으로 할 수 있는 집안일은 거뜬히 해내셨다.

언제부턴가 거의 앉은뱅이처럼 지내다 결국은 화장실 출입이 불편해지고 생활의 불편이 따르면서 더 이상 어머니의 의지대로 행동할 수가 없게 되었다. 비로소 자식들은 어머니의 무력해진 무릎 수술을 서둘렀다. 2시간에 걸쳐 오른쪽무릎에 인공관절을 넣는 수술을 마쳤다. 건강한 마음에 건강한 육신이던가. 수술을 성공적으로 마쳤다. 정신건강이 강한 어머니는 3주후 왼쪽무릎을 수술할 때엔 담담한 표정이었다.

자식들이 한마디씩 거들었다. 진즉 수술하자니까 그때는 왜 마다하셨느냐고.

"누가 이렇게 오래 살 줄 알았냐." 하시며 양쪽 무릎을 펴 보이신다. 눈뜨고 보기 안쓰러울 정도로 누더기 무릎이다.

아픔을 이겨내고 다시 선 어머니의 무릎은 기적의 무릎이다. 의지만 있으면 어떤 일이라도 해낼 수 있다는 기적 같은 현실이었다. 그 때마다 어머니는 무릎을 들여다보며 감사하는 마음으로 무릎에 손을 얹어 쓰다듬는 버릇이 생겼다.

"내가 왜 이리 오래 산다냐. 살 만큼 살았으니 이제 가도 될 텐데."

어머니는 입버릇처럼 되뇌이고 또 되뇌인다.

오늘따라 어머니의 무릎이 궁금하다. 날이 궂으면 어머니의 무릎도 부대낄 텐데. 아무리 잘된 수술이라도 제 구실을 잘 하기까지는 시간이 걸려야 될 텐데.

어머니가 건강을 되찾아 뒤뚱거리며 걷는 모습을 볼 수 있는 것도 내 복이라는 생각이 든다. 아직도 어머니가 내 곁에 계셔서 얼마나 다행인지.

제대로 걷다가 죽으면 좋겠다는 어머니의 마지막 소원을 이룬 셈이다. 힘을 모은 자식들의 효심으로 어머니는 수술 1년 만에 지팡이를 짚고 당당하게 걸음을 걸을 수 있게 되셨다.

어머니의 삶은 자배기 속에서 피어난 수련처럼 청정하다. 자식들의 마음을 지혜롭게 깨우쳐 움직이게 하는 어머니의 삶의 교훈을 어이 잊을까. 몸은 비록 한없이 늙었어도 자식들의 건강을 기원하시는 어머니가 계셔서 행복하다.

여생이 고통 없기를, 고운 비단길을 걸어가시길 빌어 본다.

미수의 어머니 생신일

바람이 살랑살랑 살랑거린다. 넓은 바다를 바라보며 맑은 바닷바람을 마시니 날아갈 듯 마음이 상쾌하다.

친정어머니의 생신일 전날, 흩어져 사는 자식들이 중간 지점인 대천에 모였다. 어머니 덕에 우리 내외도 두 아들, 며느리, 손자랑 모처럼 나들이를 함께 했다.

백사장에 서서 푸른 바다를 바라보던 네 살짜리 손자녀석이 바닷물을 보고 소리를 지른다.

"야! 물이다. 물."

물을 보는 순간 손뼉을 치며 펄쩍펄쩍 뛴다. 깜냥에 신기한 것이라도 본 것처럼 연신 소리를 지른다.

"그래. 저건 물이야. 정말 물이 많구나. 물이 많은 걸 바다라고 하는 거야."

"바다?"

'바다'라는 단어가 생소한가 보다. 묻고 또 물어 보며 바다를 익히게 했다.

"여기가 어디지?"

"음, 바다."

바다를 바라보는 아이의 눈길은 멀리 멀리 파도처럼 퍼져나가 이것 저것 눈에 띄는 대로 쉴 새 없이 말문을 연다.

"배다, 배. 태극기가 펄럭펄럭."

망망대해에 떠 있는 배에 달려 펄럭이는 태극기를 보고 말을 술술 풀어낸다. 손자녀석은 아는 만큼 사물의 이름을 대느라 바쁘다.

발 아래 몽글디몽근 모래 한 줌을 집어 들고

"이건 뭘까? 이건 모래라는 거야. 모래."

"모래"

앵무새처럼 따라하는 손자의 발음이 정확하다. 떠오르는 태양처럼 아이의 눈빛이 번뜩이며 생소한 단어를 익혀가는 동안 동생들 가족이 모두 모였다. 4대가 한 자리에 모였다. 어머니도 기쁘고 든든한지 표정이 무척 밝으시다. '부모는 살아계실

때 부모'라는 말이 있듯이 어머니의 마음을 편하게 해드리는 게 효도라는 생각이 든다.

어머니는 말없이 바다를 향해 생각에 잠겨 있다. 어머니는 저 푸른 바다를 보면서 무슨 생각을 하시는지. 수더분한 어머니의 마음을 헤아려 가슴 가득 채워드리고 싶다.

전에도 이곳에서 생일을 맞은 일이 있다. 그땐 지금처럼 활발하게 걷지도 못하고 주저앉다시피 했다. 몸 따로 마음 따로, 휠체어에 의지하며 모처럼 나들이에 자식들에게 괴로움을 안겨준 충격으로 무릎수술을 결심하셨단다. 출렁이는 바닷물 속에서 그날의 추억을 캐내기라도 하는지 말없이 서 계신다.

지팡이를 짚은 어머니의 뒷모습은 아직도 정정하다. 뒷머리결이 햇빛에 유난히 반짝거린다. 동백기름을 발라 단정하고 정갈하게 빗어 넘긴 젊은 어머니를 보는 듯하다. 오래도록 지켜보고 싶은 어머니모습이 아닌가.

어머니는 건강복을 타고 나셨다. 2년 전 인공관절을 삽입하는 무릎수술을 받을 때만 해도 걱정이 앞섰다. 너무 나이가 많아 희망 반 걱정 반이었다. 그런데 어머니는 고통의 시련 속에서 용기 있게 희망의 싹을 틔웠다. 어려움을 극복해내는 어머니의 건강한 정신은 자식들에게 큰 힘이 되었다. 또 어머니의 건강이 곧 자식들의 평안이라는 걸 깨닫게 되었다. 지금은 지팡이를 짚고 마음대로 걸을 수 있어 얼마나 감사한지.

손자녀석이 한 마디 한다.

"엄마, 꼬부랑 할머니가 왜 매를 들고 다녀요?"

아이의 눈에는 할머니의 지팡이가 매로 보이나 보다.

"매? 매가 아니라 지팡이야."

"지팡이?"

'지팡이'라는 단어를 자연스럽게 익히는 손자를 보면서 외증조모를 영원한 꼬부랑 할머니로 기억할까 걱정이다.

허나 꼬부랑 할머니라도 좋다. 음식점 2층까지 자신있게 계단을 올라가는 꼬부랑 할머니가 대견하고 흐뭇하다. 저만큼 건강하고 정정하니 얼마나 기쁘고 마음이 놓이는지 모른다.

가족들은 허심탄회하게 마음을 털어놓고 회포를 풀었다. 이렇게 모일 수 있는 것도 어머니 덕이다. 미수(88세)의 어머니를 향해 한 마디씩 말을 잇는다.

"어머니, 사랑합니다."

마음 속에 품었던 말을 이제야 말해 본다.

"어머니, 건강하세요."

언제나 든든한 기둥이 되셨던 어머니께 감사드린다.

"할머니, 오래 오래 사세요."

손자들의 사랑을 모두 모아 축원을 드린다.

평생을 성실하고 근면함이 몸에 밴 소박한 삶을 이어온 어머니. 어머니는 지금도 자식들에게 마음의 짐이 되지 않으려고 스스로 몸을 움직이며 집안일도 척척 해낸다. 무료함과 고달픔을 이겨내기 위해 성경말씀을 익히며 찬송과 기도로 마음을 수련하신다. 평소 말이 없어도 변함없이 자식들의 평안을 기도하는 시간을 유일한 낙으로 여기신다.

언젠가 내 모습도 지금 어머니의 모습으로 되어 있을 게다.

자식들에게 짐이 되지 않으려고 애쓰는 어머니를 닮고 싶다.

둘째아들을 군대에 보내고

큰아들과 둘째아들은 연년생이다. 어렸을 적부터 두 아들은 쌍둥이 같다는 말을 들어가며 친구처럼 자랐다.

애지중지 키운 자식을 군대에 보내고 노심초사하지 않는 부모가 어디 있을까.

큰아들을 군대에 보낸 후 논산훈련소에서 신병훈련을 받는 60일 동안 아들을 향한 어미의 마음은 가슴앓이로 녹아내렸다. 아들의 무사한 나날을 기원하며 지극정성 떠놓은 정화수와 매일 1편씩 쓴 쪽지편지로 마음을 달래며 첫 면회일을 고대했다. 그 때가 엊그제 같은데 10년이 흘렀다.

그 후 둘째아들은 나이 서른에 군입대를 기다리며 며칠 동안 집에 머물렀다. 군생활 3년의 공포심에 안절부절하던 모습이 지금도 눈에 선하다.

꽃샘추위가 한창이던 봄. 둘째아들은 배웅도 받지 못하고 경상도 영천이라는 곳으로 떠났다. 집안 사정으로 동행하지 못한 게 마음에 걸려 가슴이 아팠다.

자유분방한 생활에 젖어 있던 아들이 갑작스레 생소하고 통제되는 일상에 적응하느라 얼마나 힘이 들까. 하루 빨리 만나보고 싶어 하루가 일년처럼 느껴지기도 했다.

어느 날, 소포가 왔다. 아들의 체취가 배인 옷과 신발, 사랑땜도 덜한 손전화가 들어 있다. 잠깐 집에 들려 옷을 갈아입고 나간 것 같은 착각이 일었다. 얼마나 마음이 착잡하고 허전했는지 나도 모르게 눈물이 핑 돌았다. 군복으로 갈아입고 훌륭한 장교가 되기 위해 고된 훈련을 감수해야 하는 훤칠한 아들의 모습이 자꾸 눈앞에 밟혔다.

매화, 목련, 개나리가 앞다투어 봄을 알리지만 훈련장은 아직도 겨울일 것이 뻔하다. 봄을 반길 틈도 없이 훈련에 열중하느라 숯검정처럼 까맣게 탔을 얼굴을 상상하니 웃음 반 걱정 반, 마음만 싱숭생숭 아프다. '세월이 약'이라는 말처럼 시간이 흘러야 해결되는 일이 아닌가. 군대도 사람 사는 곳이니 따뜻하고 훈훈하겠지. 아들을 향한 엄마의 마음을 전하는 게 우선이지 싫어 편지를 보내고 나니 내 마음도 한결 가벼워졌다.

궁정적인 사고와 봉사, 그리고 동고동락하는 군우들과 한마음이 되어 마지막 훈련까지 마치고 의젓하게 장교임관식 하는 날을 고대하고 있던 어느 날, 아들의 편지를 받았다.

부모님 전 상서

엊그제 집에 다녀온 것 같은데 벌써 일주일이 지났습니다. 영천에 돌아와 경황이 없어 전화도 못하였습니다. 교육훈련이 다른 곳으로 옮겨가서 연락드리지 못하고 시간이 흘렀습니다.

지금까지의 교육과는 달리 무척 고통이 뒤따르는 것이라는 것을 이미 알고 있었지만 막상 5박 6일의 시간은 나 자신을 이기는 시간이었음을 체험하게 되었습니다.

약 40km의 길을 행군해 가면서 별의별 생각이 뇌리를 스쳤고 발바닥의 통증과 무릎에서 느껴지는 고통을 참아가며 목적지를 향하는 길은 종교적 순례와 같은 느낌이 들었습니다.

교육을 마친 후 야간행군은 졸음과 신신의 고통을 이겨야 하는 나를 극복하는 시간이었습니다. 행군시간에는 비오는 듯한 땀에 온몸을 적시고 10분의 휴식은 온몸의 땀이 식고 산바람이 얼음처럼 느껴지는 추위를 이겨야 되는, 세상에 태어나 처음 겪는 경험이었습니다.

먼 산에서부터 서서히 동이 터 오는 것을 보며 목적지가 얼마 안 남았다는 생각에 30분만 더, 20분만 더… 나를 달래가며 다리를 절면서 부대에 복귀하게 되었습니다. 부대 앞에 마중 나온 군악대와 여러 장교들을 보는 순간 가슴 한 구석에서부터 밀려오는 뭉클함에 눈물이 흘렀습니다. 해냈다는 자신감과 밀려오는 고통이 뒤섞인 가슴의 표현이었을 것입니다. 이제 다리의 통증은 조금씩 사그라들고 있으며 마음도 어느 정도 안정되어 한숨을 돌리고 있습니다.

지금까지 살아오면서 미처 느껴 보지 못한 귀중한 순간들이었습니다. 나 하나의 몸도 추스르기 어려운 순간에 다른 동료를 걱정하고 도와주는 사람을 보면서 많은 생각을 하게 되었습니다. 앞으로 살아가는 동안 이번의 경험을 바탕으로 많은 역경을 극복할 수 있겠다는 자신감이 가슴속에 배겨졌습니다.

이제 다른 나로 다시 태어나 앞으로 멋진 모습으로 남은 교육을 마치고 임관하고 나서도 오늘과 같은 마음이 계속되었으면 합니다.

형, 누나, 매형, 지이에게도 안부 전합니다.

다시 뵙는 날까지 건강하십시오.

2000년 4월 2일

둘째아들 기용 올림

편지를 읽고 또 읽었다. 눈물이 하염없이 흘러내렸다. 육체적 정신적 고통을 감수하며 살아온 지난 날보다 5박 6일의 진짜 사나이가 되는 귀중한 체험은, 이제까지 먹어 보지 못한 명약임에 틀림이 없구나 싶어 오히려 감사한 마음도 들었다.

세상에 태어나서 처음 겪었을 고통의 순간을 극복하느라 얼마나 많은 채찍질을 했을까. 어느 누구도 대신해 줄 수 없는 대한남아의 병역의무를 치르고 사회에 나오면 어떤 역경도 헤쳐 나갈 수 있는 자신감을 갖고 넘어져도 오뚝이처럼 다시 일어설 수 있을 것이다. 짧은 훈련이지만 인생의 기초가 되고 살아온 날보다 살아갈 날의 귀중한 초석인 것을 명심하고 있을 아들이 더 없이 자랑스럽고 기특했다.

신병훈련을 마치고 국군장교 임관식 행사안내가 왔다. 손꼽아 기다리던 임관식. 8주의 고된 훈련은 육체적 정신적 건강을 다져줬고 병영생활의 추억도 생겼을 것이다. 이제 투철한 애국심과 희생봉사정신이 깃들었을 것이다. 아들이 장한 모습으로 나타나기를 고대하는 시간은 길기도 했다.

화랑의 얼이 담긴 충성대에서 횃불 채화를 시작으로 영광스런 임관식이 거행되었다. 똑같은 제복을 입고 서 있는 대열에서도 한눈에 늠름한 아들을 알아볼 수 있었다.

힘든 교육과정을 수료한 장병들에게 학교장의 축사가 시작되었다. 투철한 군인정신과 히포크라테스의 사명감으로 장병들의 건강을 지키는 데 전심전력하여 마음의 병까지 고치는 박애봉사로 책임을 다할 것을 당부했다.

기다리고 기다리던 계급장 수여시간이 왔다. 우리 내외는 한걸음에 달려가 아들의 양 어깨에 대위 계급장을 달아주었다. 아들을 사이에 끼고 서서 기념사진을 찍었다. 신임 군의장교. 장교로서 막중한 사명감을 다짐하는 자랑스런 모습은 영천 벌의 훈련과 값진 체험 덕분임이 틀림없다.

장한 내 아들. 이제 임지를 향해 떠나야 한다. 주어진 임무에 충실하고 군의관으로써 사병들의 고통을 이해하고 빠른 쾌유를 이룰 수 있도록 최선을 다하는 국군이 되기를 기원한다.

삼숙이를 아시나요

지나간 날을 그리워하는 건 나이가 든다는 증거일까. 요즘 새록새록 봄나물 새순처럼 솟아나는 추억에 깊이 젖어든다.

끼니를 챙길 때마다 어린 시절에 먹었던 맛깔스런 음식들이 눈앞에 어른거린다. 그 맛을 내기는커녕 어머니의 손맛을 전수받지 못해 전전긍긍할 뿐 음식 다루는 일이 아직도 서툰 기분이다. 팍팍한 마음과 아쉬움에 더 그리워지는 건 어머니의 음식맛이다.

옛날엔 식구들이 많았다. 단출한 가족의 요즘세대들과 달리

온 식구가 둥근 밥상에 빙 둘러앉아 쩝쩝 소리를 내며 어우러져 밥을 먹었다. 그때 어머니는 입술에 짝짝 들어붙을 정도로 끈적끈적한 대구국을 끓여내곤 했다. 크고 마른 대구를 까만 가마솥에 넣고 참나무 장작불에 끓여낸 대구국 맛이 생각만 해도 입안 가득해지면 어느새 유년으로 돌아간다.

가끔 마른 대구를 구할 생각에 남부시장 어물전을 둘러보지만 소금에 절여 말린 대구포만 간간히 눈에 띈다. 기억 속의 마른 대구는 눈에 띄지 않는다. 꿩 대신 닭이라고, 마른 명태국으로 옛 추억을 달래 보지만 세월 속에 묻힌 추억의 맛을 캐내지 못하고 말았다.

음식맛의 추억이 또 하나 있다. 언젠가 낙산 앞바다를 바라보며 먹은 생선 '삼숙이'를 잊을 수 없다. 내 마음 한 켠에서 떠나지 않는 '삼숙이.'

늦가을이기도 하고 초겨울이기도 한 내 생일 무렵이었다. 난생 처음 설악산에 구경을 갔다. 단풍도 한 철이라더니 그 유명한 설악의 단풍은 말없이 떠나고 곳곳이 설원으로 변해 아름다움을 한껏 뽐내고 있었다. 세찬 바람이 가슴팍을 파고들어 추운 판에 스륵스륵 스르르륵 종종거리며 쓸려 다니는 낙엽들의 경주가 장관이었다. 실오라기 하나 걸치지 않은 나목들이 촘촘한데 천둥치듯 산을 뒤흔드는 계곡의 물소리. 거북이 등걸 같은 낙낙장송들. 이렇게 나무와 물, 바람, 새소리가 어우러져 화음을 이루던 설악의 풍광은 한 폭의 완벽한 명

화였다.

설악산에서 낙산사 홍련암으로 가는 길에 '금강산도 식후경'이라고 점심부터 해결하자며 한 식당에 들어갔다. 벽면 중앙에 「삼숙이 매운탕」이라는 커다란 메뉴 한 장이 비스듬히 붙어 있다. 삼숙이 매운탕? 삼숙이?

"아따, 그 이름 한번 희안하네." 나도 모르게 나온 말끝에 남편이 거든다.

"주인장, 왜 하필이면 삼숙이다요? 어찌 좀 껄끄름한디. 맛은 있소?"

절로 나오는 웃음을 참았다. 정말이지 왜 물고기의 이름이 삼숙일까? 어린 시절 친구들의 이름이 스친다. 영숙이, 일숙이, 삼숙이 등등. 삼숙이라는 생선을 너무 신기해하는 나에게 주인장은 한술 더 떠 말했다. 삼숙이는 낙산 앞바다에서만 나오는 생선인데 둘이 먹다 하나가 넘어져도 모르게 별미란다. 권하는 장사 밑지지 않는다는데 한번 먹어 볼 일이라 싶어 '삼숙이 매운탕'을 주문했다.

요리하는 동안 밖에 진열해 놓은 수족관 쪽으로 다가갔다. 좁은 수족관에 길들여진 생선들은 입을 뻐끔뻐끔, 벙싯거리며 꼬리를 흔들며 이리저리 유영한다. 삼숙이가 어느 녀석일까? 수족관에서 눈을 떼지 못하고 있는데 주인장이 다가와 일러준다. 고슴도치처럼 시커멓고 못생긴 고기가 바로 삼숙이란다.

우리 부부는 얼큰하고 뜨거운 매운탕에 밥 한 그릇을 뚝딱 먹어치웠다. 생긴 것은 거친데, 시장이 반찬이라선지 모르지만 아무튼 맛은 꽤 좋았다. 살다 보니 별 생선을 다 먹어보는구나. 생각할수록 키득키득 웃음이 절로 나왔다. 그 뒤로 삼숙이는 내 심해를 떠나지 않았다.

몇 년이 지났을까. 어느 날, '6시 내고향'이라는 TV 프로그램을 시청하는데 삼숙이가 나왔다. 삼숙이 풍년이 들어선지 배 안에는 펄떡거리는 삼숙이가 가득했다. 삼숙이는 주로 동해안에서 잘 잡히는데 '삼세기'라는 거다. 삼숙이의 본래 이름이 '삼세기'라는 걸 알게 되어 사전을 펼쳤다.

삼세기는 독죽 갯과에 딸린 바닷물고기로 머리가 크고 몸둥이는 작고 껍질이 단단하고 거칠다. 등지느러미의 가시가 연하고 몸의 겉면은 우툴우툴, 어두운 녹색 또는 갈색을 띤다. 옆구리에는 다섯 줄의 검은 가로띠가 있는 아주 못생긴 물고기. 동해안에서 주로 난다.

동해안 사람들은 삼세기를 삼숙이, 삼식이라는 이름으로 부른단다. 겨울에 먹어야 맛있는 못생긴 생선으로 옛날에는 먹지 않고 버렸다는 거다. 그러다가 애써 잡은 고기를 그냥 버리기가 아까워서였을까? 아니면 배고픈 사람이 그거라도 주워다 먹어본 것일까? 삼세기를 허실삼아 먹어본 사람이 맛 자랑을 하여 그 후로 먹게 되었단다.

강원도에선 우럭보다 더 맛있다는 삼세기를 전북지방에선 아는 사람이 드물다. 그리고 유통이 안 되어선지 구경을 할 수도 없다. 동해안에 가야 만날 수 있는 삼숙이를 언제 또 만날 수 있을지.

색다른 바다 먹거리가 오래도록 나그네 마음속에 머물러 해마다 겨울이면 생각이 절로 난다. 삼숙이라는 이름 때문일까.

어릴 적 친구들과 어울러 놀면서 다정하고 흔하게 부르던 이름 같아서 더 그리운지도 모르겠다. 생선 이름 한 번 잘 지었다.

친구

사람은 누구나 행복을 꿈꾸며 산다. 자신의 잣대로 행복을 재면서. 아름다운 삶, 자유로운 삶, 힘 있는 삶, 진실한 삶을 향해 제각기 다양하게 자기의 길을 간다.

그렇게 살아가면서 만남의 기쁨, 이별의 슬픔을 맛보지 않은 사람은 없을 것이다. 좋은 인연으로 맺어진 만남이 서로를 행복하게 하기도 하고, 때론 부질없는 일에 끄들려 외롭고 고통스럽게 서로에게 상처를 내며 이별하기도 한다. 때로는 각자가 추구하는 행복을 찾아 떠나므로 헤어지기도 한다.

오래 헤어져 지내지만 늘 그리워하는 진실한 친구가 있다. 꾀벗쟁이 친구다. 평생을 함께 가까이 지내자며 우리의 우정은 깊어갔다. 어려서부터 성년을 넘길 때까지 어려운 일이 있으면 서로 돕고 머리를 맞대고서 시작도 끝도 없는 꿈에 부풀곤 했다.

어리디어린 처녀 둘이는 항상 생각과 행동을 같이했다. 바느질 연습을 한답시고 모여 앉기 일쑤였다. 치마와 저고리, 방석, 책상보, 옷덮개, 머리병풍을 만드느라 수를 놓았고, 입으로는 온통 상상의 세계를 조잘거리면서 행복한 내일을 꿈꾸기에 바빴다. 그땐 무엇이건 둘이서 똑같이 만들고 그림자처럼 똑같이 행동해야 하는 걸로 알았다. 서로 떨어져 살아도 우리가 만든 물건으로 똑같이 방안 치장을 하며 살아가자고 했다. 그래서 전국 어디에서라도 우리가 사는 집은 쉽게 찾을 수 있을 거라며, 막연하게 훗날의 행복을 약조하기도 했다.

세월이 흐르면서 우리는 가는 길이 조금씩 달라지기 시작했다. 고등학교를 졸업하고 친구는 서울에 있는 대학에 진학했지만, 난 엄한 부모님의 반대로 서울에 있는 대학은 꿈도 꾸지 못했다. 친구와 똑같이 시험을 보고 합격증을 받았지만 등록금은커녕 서울로 진취하려는 꿈은 일언지하에 묵살되었다. 한국동란후 혼란기였기에 서울에 가면 아이들이 방종해질 거라는 어른들의 고정관념이 앞설 때였으니까. 또 서울에 인척이 없었던 까닭도 있을 것이다. 어쨌거나 설립 초창기에 있는 지방대학에 가라는 부모님의 설득을 접고 난 대학진학을 포기했다.

두 해가 흘렀다. 그때까지도 서울을 향한 꿈을 버리지 못했다. 서울로 가려는 나의 고집을 부모님도 꺾지 못하고 결국 상경을 허락했다.

오직 향학의 꿈을 안고 관심을 기울이던 어느 날, 우연인지 필연인지 생의 갈림길에 서 있던 내게, 새로운 삶의 길이 열렸다. 나의 작은 소망이었던 교직의 길에 들어설 수 있는 첫발이 될 줄도 모른 채.

그 후 타향에서 나의 직장생활이 시작되면서 친구와 나는 다른 길을 향해 점점 멀어져가고 있었다. 서로에게 다가오는 다른 삶에 익숙해지면서 친구는 결혼했다.

직장생활을 익히면서 부모님은 나의 결혼을 서두르셨다. 그리고 결혼하여 직장과 가정살림에 여념이 없었다. 일년에 한두 번으로 친구와의 만남은 뜸해졌다. 점점 각자의 생활에 빠져 한동안 친구와 나는 우리의 언약을 까맣게 잊은 듯이 살았다.

어느 날, 친구로부터 전화가 왔다. 캐나다로 이민을 간다는 말을 남기고 친구는 고향 아니 내 곁을 떠났다.

지금도 마음에 자리한 친구. 그녀와의 추억만이 그리움으로 남아 있다. 어떻게 사는 것이 잘 사는 것인지. 친구는 얼마나 더 잘 살기 위해 고향도 친구도 버리고 훌쩍 떠난 것일까. 가는 대로 전화하고 편지를 보낸다던 친구의 소식이 감감하다. 한 통의 전화, 한 통의 편지를 아직도 기다리고 있는데. 문득 문득 친구가 생각날 때마다 무지개 빛깔처럼 고운 추억이 주위를 맴돈다. 세월이 흐르고 세상도 많이 바뀌었고 내 모습도 늙어가지만 친구와의 넉넉한 우정을 보석처럼 간직하고 있는 걸 친구는 알고 있을까.

친구. 또 있다. 내 곁을 떠난 어릴 적 친구의 자리를 메워준 또 다른 친구가 요즘의 내 생활을 훈훈하게 한다. 우리는 직장동료로 만나 지금은 친자매 같은 정분으로 허물없이 살아가고 있다. 그녀와 만남은 40년이다. 강산이 네 번 바뀌는 세월 동안 우리는 더불어 살아간다. 극과 극의 성격인데도 그림자처럼 잘 어울리는 게 이상할 정도라고 주위사람들이 말하곤 한다. 말이 적고 느긋한 나에 비해 그녀는 화끈한 성미다. 나를 이조시대 여인이라 놀릴 정도로 그녀의 감각은 현대적이고 선구적이다.

세월을 돌이켜보면 아무래도 그녀는 나의 분신이지 싶다. 내가 임신했을 때, 태몽을 꾸지 않은 내 대신 그녀는 나의 두 아들의 태몽까지 꾸어주었다. 자기의 일보다 남을 위해 헌신하는 마음씨가 곱디곱다. 매사에 긍정으로 삶을 살아가는 덕성스런 그녀가 내 곁에 있다는 것만으로도 나는 잘 살아왔다고 자부한다.

사람이 살아가면서 남에게 꼭 필요한 사람이 된다는 게 어디 쉬운 일인가. 그녀는 내 남은 생애에도 없어선 안 될 존재이다. 삶의 청량제 같은 그녀를 만나는 날은 그간의 회포를 풀고 세상을 배우는 시간이다. 생활의 지혜를 어김없이 전해주는 그녀를 통해 욕심을 버리고 세상을 곱게 살아가는 길이 행복의 길이라는 것도 깨달았다.

이토록 많은 도움을 받아온 빚을 나는 그녀에게 갚지 못했다. 나는 그 친구에게 무얼 주었을까? 그 친구가 내게 행복이듯이 나도 내 친구에게 행복이 된다면 좋겠다.

5부

연화 따라 연향 따라
백련화 향기
내가 찾은 즐거움
화초목을 바라보며
향기, 향기, 향기
꽃들도 사랑을 안다
매화향
축구 대결

연화 따라 연향 따라

이른 아침, 연지蓮池를 향합니다. 연꽃을 만나러 가는 길이지요.

덕진공원 입구에 들어서자 연내음이 상큼하게 마중을 나와주니, 행복한 순간입니다. 연지에 가까이 다가설수록 눈이 환하게 밝아집니다. 어느 연화등蓮花燈이 저리도 밝을까요. 연지 앞에 서니 저절로 두 손이 모아집니다.

유두절을 전후해서, 덕진연지는 연꽃송이가 곱게 곱게 연지 가득 흐드러지게 피어오릅니다.

심호흡과 함께 싱그러운 연향으로 마음을 가다듬고, 연화를 바라보는 사람들의 대열에 끼어 섭니다.

연지를 가로지르는 구름다리를 따라 사뿐사뿐 걸어갑니다. 수면 위에서 물잠자리 떼지어 날고, 먹이를 구하느라 부지런히 날아다니는 제비들이 물그림자에 놀란 양 곡예회전을 합니다. 새끼붕어와 자라가 사이좋게 유영하는 정경이 참 아름답습니다. 어디서 왔는지 쥐오리 한 마리가 물살을 가르며 지나갑니다. 연엽은 미동도 하지 않습니다. 고요한 아침, 태양을 맞을 준비를 하나 봅니다.

불그레한 미소로 반기는 연꽃길. 온통 초록과 분홍의 조화지요. 어린 연봉오리는 새 생명의 창조에 경배하듯 서 있습니다. 물뿌리개 주둥이 같은 연밥이 제법 굵어 보입니다. 연자蓮子를 보는 순간, 개구쟁이 유년시절, 아이들의 짓궂은 놀림이 생각납니다. 어렸을 적 별명이 연밥이었으니까요.

연주야, 연주야
연밥 먹고 연똥 싸고
연대콩 연대콩.

무슨 뜻인지도 모르고 이름의 첫 자로 알맞게 말을 지어 서로 놀리고, 놀림을 받던 시절이 반세기를 훌쩍 넘어갔습니다.

설레이는 마음으로 자연스런 발자국 소리를 들으며 통나무다리를 건너다 보니, 연화 따라 연향 따라 천상에 온 기분입니다. 잠시 연지정蓮池亭에서 발을 멈추고 연꽃들이 벙긋거리는 연못을 한눈에 바라보고 있으니 마음이 절로 평화로워집니다. 바로 이곳이 연화국蓮花國 아닌가 싶어집니다.

병풍처럼 두른 분홍 꽃잎 속의 연자는 마치 어린 동자가 연노랑 옷을 입고, 샛노란 꽃술방석에 앉아 미소로 답례하듯 합니다. 바라 모양의 연잎에선 물방울이 또르르 진주알처럼 구릅니다. 티끌 하나도 묻지 않는 깨끗한 연. 우리의 삶을 저렇게 깨끗하게 살아갈 수 있을까.

연지는 정말 장관입니다. 신비롭고 아늑한 연지. 연지를 곁에 두었다는 게 자랑스럽습니다. 가끔씩 연향을 마시며 마음을 다스리는 것도 복 중의 복이지요. 전주에 살기 때문에 그 복을 가끔 누리지요.

연은 하나도 버릴 게 없습니다. 연엽은 쌈으로, 연실은 죽으로, 연근은 죽과 반찬으로 먹을 수 있는 자양음식이지요. 또 연엽은 이뇨제로, 연실은 안정제로도 쓰인답니다.

잠시지만 연과 함께한 하루는 뿌듯합니다. 온종일 연향이 솔솔 배어나와 삶의 활력이 넘칩니다. 연화 한 그루 옮겨심을 마음속 연못을 만들고 싶어집니다.

연은 진흙 속에서도 썩지 않고, 꽃을 피워냅니다. 저 꽃을 보며 무심無心의 경지를 향해 부단히 수련修鍊해야겠지요.

백련화 향기

초록으로 물든 칠월. 이때쯤이면 덕진연지의 홍련이 흐드러져 사람들의 눈을 부시게 합니다. 또 청운사 하소백련지의 백련이 만발해 향수해香水海를 이룹니다.

해마다 홍련과 백련을 번갈아 만나보는 재미가 남다릅니다. 삼생의 진리를 밝히는 연화 앞에 서면 청정불성清淨佛性 무아경에 빠집니다. 그저 꽃모양과 꽃향기에만 취해도 됩니다.

꽃구경도 친구와 함께 하면 더욱 뜻깊어지지요. 다섯 선녀들이 청운사 하소백련지로 백련을 만나러 갔습니다.

끝없이 펼쳐진 만경벌. 논과 강을 끼고 십여 리가 되는 만경강 둑길을 따라갑니다. 멀리 강바닥을 드러낸 진흙벌에서 백로, 왜가리, 해오라기가 옹기종기 어우러져 그림같이 서 있습니다. 바로 눈앞에서 물떼새 한 마리가 사풋사풋 금련보金蓮步를 뗍니다. 한가하고 평화로운 선계를 지나가노라니 속사俗事를 잊어버립니다.

어린 이팝나무 가로수가 땅심을 받은 둔덕에 개망초, 바랭이, 한삼덩굴이 너울거립니다. 실잠자리, 송장메뚜기, 흰 나비 한 쌍이 공중곡예를 하면서 하늘하늘거립니다. 해질녘, 푸른 벼와 강물이 지나가는 바람결에도 곰살궂게 출렁입니다. 넓은 들판과 강을 바라보니, 내 마음도 하늘만큼 땅만큼 넓어집니다.

김제 청하면 청하산 품속에 안긴 청운사 하소백련지엔 백련이 우릴 기다리고 있었습니다. 도원스님이 꿈속에서 백옥의 여인이 준 흰 연꽃 한 송이를 받아들자 주변이 온통 백련으로 가득찬 연못으로 변하더랍니다. 그 꿈을 그대로 실현한 거라고 합니다.

백련 앞에 다가갑니다. 연잎 위에 하얀 꽃등이 부웅 떠 올라오는 듯합니다. 눈이 있어도 볼 수 있는 자만이 볼 수 있는 꽃이라는데, 그 의미가 무엇인지 생각해 봐도 쉬이 잡히지 않습니다. 다만 이미 노을도 숨어버린 밤중에도 저러이 고운 향을 머금고 하얀 색을 잃지 않는 것만으로도 신기합니다. 마음을 밝히어주는 연화를 밤에 볼 수 있는 건 행운입니다.

잠시 견향정에 올라 연당蓮塘을 바라봅니다. 바람에 실려 온 백련향이 스칩니다. 흠–, 백련향을 흠향하고 견향할 수 있다는 것만으로도 맑은 기운이 솟아납니다. 우리 모두 말이 없어집니다. 다만 마음이 통하는 곳에서 오묘한 이치를 깨닫고자 합니다.

어둠이 살포시 드리워진 연지를 둘러봅니다. 물소리, 바람소리, 부처님 말씀까지 들려오는 듯합니다. 마음이 어느 새, 백련 꽃잎에 앉았습니다. 백련처럼 다소곳이, 흐트러짐 없이 살고 싶어집니다. 그러나 그 향기를 그윽하게 나누면서 살고 싶어집니다. 심연心淵 가득 백련향이 고입니다.

며칠 전, 김시인에게서 백련향 보시를 받았습니다. 백련 한 송이를 맑게 피워 우려낸 백련찻물. 백련차를 마시며 백련향을 흠향하고 또 흠향했습니다. 한참을 지나도 백련화 향기가 온몸에 퍼진 듯 목구멍에서 싸하게 발향했습니다. 그 인연이 우리를 다시 백련 세상에 서게 한 것 같습니다.

연꽃의 청정한 성정. 연꽃의 아름다움 속에 숨어 있는 뜻을 어찌 다 헤아릴 수 있을까요. 보이는 것뿐만 아니라 보이지 않는 것까지 볼 수 있는 지혜의 눈을 뜨고 싶습니다. 바람에 흔들리는 향을 맡고 또 맡습니다.

도원스님이 손수 꾸미신 다실. 주인인 스님은 백련차를 만드시느라 불가마 곁에서 씨름하고 계시는데, 우리는 다실에 빙 둘러앉아 넓적한 연엽다기에 놓인 백련화 생화차를 우리고 우럽니다. 향을 맡으며 향과 함께 마시는 차. 모두 한마음 되어 생연차를 마십니다. 백련화 차를 한 모금 한 모금 나눌 때마다 무지無知한 나를 씻고 또 씻어 봅니다.

백련향이 다실에 가득합니다. 마음이 절로 향기로워집니다. 그 그윽한 향기를 심향心香 주머니에 조심스레 넣었습니다.

하소백련지를 돌아나오는 길엔, 밤안개에 촉촉해진 백련화 향기가 보일 듯 말 듯 은하수처럼 흘렀습니다.

내가 찾은 즐거움

꽃을 보면 마음이 느긋해진다. 한가하게 꽃을 바라보는 순간, 온갖 상념에서 벗어나고 시간의 흐름도 잊는다.

퇴직 후, 집안 분위기도 바꿀 겸 꽃기르기를 시작한 지도 벌써 두 돌이 되어간다. 먼저 방치했던 분을 챙기고, 이 집 저 집에서 화초 묘목을 얻어다 심었다. '이게 언제 자라나' 싶으면서도 웃음 짓든 즐거움을 갖고서 어설프게 시작했는데 지금은 제법 분에 어울리는 분재목으로 성장하고 있다. 나도 모르게 꽃을 사랑하고 가꾸기에 흠뻑 빠져들어갔다.

갓난아기 돌보듯이 잔손질이 가는 화분. 물주기, 햇빛을 잘 받게 돌려주기, 이따금 시비하기 등, 부지런히 돌본 만큼 잘 자라는 화초목. 꽃가꾸기에 정성을 쏟는 일은 내가 찾은 즐거움 중의 하나다.

이왕 시작한 꽃가꾸기. 좀 더 좋은 여건에서 꽃을 가꾸기 위해 집안 구조를 이리저리 살폈다. 화분을 밖으로 내놓고 길러야 더 튼실하고 예쁜 꽃을 볼 수 있겠지. 비용을 들여서라도 반듯한 화분대 하나 설치하고 싶지만 그건 마음뿐. 궁리 끝에 베란다 난간을 이용하여 철사를 엮어 놓은 후 반듯한 판을 올려놓았다. 햇빛과 바람 속에 화분을 올려놓을 수 있게 화분대를 만든 것이다. 얼마나 옹골진지. 이런 재미가 살림하는 재미이기도 한 것을. 하찮은 걸 만들어 화분을 정리하면서 내내 기쁨이 솟았다.

꽃을 기르고 싶은 한을 풀기라도 하듯, 베란다 밖으로 철사를 더덕더덕 얽어매어 화분을 내놓을 수 있는 공간을 조금씩 넓혀갔다. 볼품은 없지만, 화초목이 자라기엔 안성맞춤이다. 이 화분대를 '홍부 화분대'라 이름지었다.

비좁고 답답한 베란다에서 나온 화초목들이 햇빛을 받으며 생기있게 자란다. 그동안 제대로 돌봐주지 못한 미안함을 보상해주듯 정성을 쏟다 보니 마치 꽃들이 그 정성만큼 보답하는 듯하다. 금방이라도 터질 듯한 꽃망울을 볼 때마다 내 마음도 한껏 부푼다. 제각기 아름다움을 뽐낼 꽃들을 상상하면서 이제야 화초 기르는 재미를 상큼하게 느낀다.

그중에는 이름도 모르고 심어 놓은 꽃나무가 있는데 요란하지 않게 한두 송이 꽃을 피우기 시작했다. 오묘한 꽃잎, 각기 다른 색깔의 미소로 다가오는 꽃을 보며 모든 잡사를 잊곤 했다. 마음이 고요해지고 나면, 기도와 수양의 시간이 찾아왔다.

철쭉꽃이 한꺼번에 피고 진 후, 꽃석류가 꽃망울을 터트렸다. 가지 끝마다 빈틈없이 맺힌 꽃망울이 툭툭 터지면 등홍색 여섯잎 석류화가 초록색 잎사귀들과 어울려 베란다가 온통 화안해졌다. 석류꽃처럼 밝고 싱싱하게 살아가는 게 건강한 삶이 아닐까.

때로는 꽃잔치의 초대에 발길을 옮긴다. 요즘엔 곳곳에 우리의 야생화를 재배하여 우리꽃을 알리느라 분주하다. 바로 그런 전시장이나 둔덕을 찾아나서는 것이다. 한들한들 변두리 길이나 둔덕을 거닐다가 어머나! 탄성이 절로 나온다. 온몸에 흰 털로 치장한 자줏빛 할미꽃이 구부러진 허리를 펴느라 안간힘을 쓰듯 피어있다.

할미꽃(노고초). 어렸을 적 동산에 오르면 묘 주변과 양지 바른 풀밭에서 흔하게 보던 꽃. 초등학교 교과서에서 배운, 불쌍한 할머니의 전설을 간직한 꽃이라선가, 추억처럼 좀 애잔하고 슬프게 보이는 꽃이다. 까마득히 잊고 있었던 꽃이기도 하다.

야생화 전시장에 들렀다. 괜스레 입술을 벙글거리며 돌아다니다가 마음이 쏠리는 화분이 눈에 들어왔다. 등심붓꽃. 잎이 가늘고 길며 마치 꼿꼿한 자세로 열반하는 스님의 좌정처럼 곧은 줄기에, 줄기 끝에서 별처럼 꽃이 핀다. 꽃이 지고 나면 둥근 열매가 등처럼 주렁주렁 달린다. 손바닥 안에 포옥 안기는 등심붓꽃 덕분에, 야생화 애호가에게 귀동냥도 좀 했다.

우리가 우리의 들꽃을 잊고 산 지가 오래오래 되었다. 그 사이에 일본인들이 우리 산야에 핀 들꽃들을 가져가 재교배하고 연구하여 자기네 것으로 개종하여 이름을 붙여 되판다니 얼마나 기막힌 일인가. 우리 갯패랭이를 가져다가 교잡하여 카네이션이라 이름 붙였단다. 우리 들꽃을 결국 로얄티를 주어가며 역수입한다는 말에 입이 떨어지지 않는다. 우리것을 지키고 보존하는 데 게으름을 피워 외국의 꽃물결에 밀려 순수한 토종 야생화가 외면당하고, 멸종위기를 맞고 있다니 답답하기만 하다.

꽃을 가꾸는 일은 꽃을 사랑하는 일이다. 사랑을 먹는 만큼 예쁜 꽃송이를 피우고 곳곳에서 여백의 미를 아름답게 치장하는 꽃들. 꽃을 가꾸는 일은 나를 가꾸는 일이기도 하다. 또 알았다. 우리것을 알고 사랑하고 가꾸지 않으면 결국 잃게 된다는 것을.

알량하게 꽃들을 가꾸면서 꽃들 덕분에 많은 것을 배우며 산다.

화초목을 바라보며

아침을 맞이하기 바쁘게 창 밖으로 눈을 돌린다. 1층 베란다 창문을 열면 바로 코앞 화단에선 나무에 물오르는 소리, 꽃망울 벙그러지는 소리가 술렁거린다.

노오란 영춘화, 개나리, 수선화가 바람에 흔들리면 옆으로 뻗은 보랏빛 금창초꽃이 자수정처럼 반짝인다. 척촉화가 시샘하듯 피고 나면, 매발톱, 마가렛, 석죽, 붓꽃으로 화단은 온통 꽃잔치를 벌이고 서로 어우러져 벙글벙글거린다.

화단이라고 해야 고작 아파트 베란다 앞 잔디밭을 일구어 만든 공간이다. 생기는 대로, 욕심대로 얻어다 심어놓은 잡탕밭이다. 그러나 화초목들이 땅맛들여 다툼 없이 살아간다.

잡초를 뽑아내다 보니, 작년에 사다 심은 백합 세 촉이 새끼순을 데리고 건강하게 서 있다. 첫해엔 땅이 설고 이사몸살을 해선지, 부실하게 목숨을 이어가며 꽃도 피우지 않았다. 그런데 올해엔 여럿 자식들을 거느린 어머니처럼 튼실하다. 흙을 북돋아 다독이며 금년엔 예쁜 꽃을 피우라고 격려도 한다.

틈만 나면 베란다에 서서 아이들 재롱보듯, 화단에 눈길을 보낸다. 하얀 마가렛이 발레하듯 흔들고 나면, 열두 색깔 석죽꽃이 합창하듯 방긋거린다. 남색 붓꽃이 살짝 벙그러지는 모습에서 난을 치고 있는 화가의 모습이 돋아난다.

내 유년시절은 정원, 아니 꽃밭에 굶주렸다. 메마른 도심의 콘크리트 속에서 살았으니 꽃밭이 얼마나 부러웠던지. 어쩌다 텃밭이나 꽃밭이 있는 집에 가면 가슴이 툭 트이는 듯 생기가 일고 훈훈했다. 어린 마음에 봉숭아 한 포기라도 얻어 오면 "어디에 심을까. 엉덩이에 심을까." 하시며 분을 챙겨주시던 어머니가 고마웠다.

아파트 1층으로 이사하면서 얻은 복은 바로 땅이다. 베란다 앞은 정원수 몇 그루 서 있을 뿐이었지만 그저 내 집 앞이니 해마다 한두 그루씩 철쭉을 사다 심었다. 그러다가 직장을 그만두면서 실타래 엉키듯 엉겨 붙은 잔디를 캐내고 요지가지 화초목을 얻어다 심어갔다. 다행히 목마름을 달래면서 오손도 손 잘 살고 있다. 세상이 어우러지는 이치를 보는 것 같다.

봄이 희망과 생명의 계절이라선지, 어떤 묘목이라도 꽂으면 산다기에 가끔 묘목 판매소 앞을 서성거린다. 심을 곳도 마땅치 않으면서도 꽃모종을 바라보는 마음이 즐거워서다. 게다가 무질서한 화단을 정리할 줄도 모르니 우리 집 화단은 그냥 꽃밭이다.

이 봄엔 꽃을 좋아하는 오선생을 따라 꽃구경을 다녀왔다.

꽃구경간 꽃동산 주인은 근면과 성실함이 몸에 밴 노부부였다. 30년 전, 수만 평의 산자락에 자리잡았단다. 곳곳이 꽃으로 둘러싸이고 유실수, 사슴, 닭, 토끼를 기르며 울타리도 없는 아늑한 집에서 살고 있다. 농장도, 농원도 아닌 곳. 그냥 심으면 뿌리 내리고, 꽃 피며 자라가는 수목들. 인공적이기보다 자연 그대로인 곳이었다.

여기 저기 손이 미치지 못한 곳에서도, 때가 되어 핀 꽃들이 잡초와 함께 어우러져 있다. 형형색색의 철쭉이 한창 타오르는 불꽃이다. 빨간 꽃해당 봉오리가 두리둥실 부풀어 곧 꽃망울을 터트릴 것 같다. 천국이 따로 있을까.

건강한 몸으로 열 평 남짓한 꽃밭을 일구면서도 힘들었는데, 수만 평의 산자락을 일구는 노동은 얼마나 컸을까. 꽃을 가꾸는 마음이 이곳을 천국처럼 일군 것 아닌가. 세상사람 모두가 꽃을 가꾸는 마음으로 세상을 살아갔으면 좋겠다.

꽃을 구경할 수 있는 기회를 갖게 된 것도 큰 행운인데 홍자

단, 매실나무, 천냥금까지 아낌없이 나눠주신다.

그것들을 심어놓고서, 좁고 척박한 땅에서도 조화로운 향기로 가득한 화초목을 바라본다. 내 삶도 저처럼 곱게 살아졌으면 싶다.

향기, 향기, 향기

향내가 거실에 가득했다.

사방을 둘러봐도 거실은 변화된 게 없는데 이상하다. 코를 벌름거리며 베란다로 나갔다. 바로 난향이다. 더디더디 피워낸 난 꽃에서 품어낸 향기. 밤새 은은한 향기를 모아 집안 가득 상큼하고 향긋하게 품어냈다.

숨을 깊고 넓게 고르면서 난향을 흠뻑 들이마셨다. 심호흡에 햇살처럼 스며드는 향기. 아침을 맞이하는 몸과 마음이 한결 가볍고 생기가 돋아났다. 난에 얽힌 추억 하나가 바람을 일렁이며 난꽃을 흔들었다.

소중한 인연들 중에 세상살이에 눈을 뜰 수 있도록 사랑을 쏟아주는 고마운 분이 있다. 삶의 도우미 K선생님. 그 선생님 댁에서 난화가 겸손한 미소로 첫 인사를 할 때였다. 선생님은 난을 바라보며 칭찬이 마르지 않았고, 다른 문우들도 지긋이 향내를 맡으며 맞장구를 쳤다. 그때 나도 난화 가까이서 코를 벌름벌름거리며 애써 향기를 맡으려 했지만, 난향을 감지하지 못했다. 코에 이상이 생겼나 내심 걱정하며 슬그머니 물러서려니 왠지 개운치 않았다. 하긴 그때까지 난을 가까이할 마음의 여유도 없었고, 더구나 난을 기른다는 건 특별한 사람들의 사치스런 의식으로 여겼으니 난에 대해 아는 게 없었다. 그러니 실감도 못할 밖에.

그 뒤로도 선생님댁에선 철 따라 난화가 다투어 피었다. 어느 날, 자연스레 내 코끝을 건드려주던 난향. '아! 이거로구나' 난향을 감지할 수 있게 되자 내 마음은 난향으로 흠뻑 적셔졌다. 그러면서 난에 대한 관심이 커졌고 비로소 청향을 익히게 되었다.

그후 수필천료 기념으로 끈 식구들이 건란 한 분을 선물했다. 감불생심. 귀한 건란분을 곁에 두고 본다는 것은 기쁨이요 감사였다.

난화분이 내 곁에 온 지 1년 남짓 지난 늦봄. 화초에 물을 주다가 난분에서 꽃대가 봉싯 올라오는 것을 발견했다. "난에

서 꽃대가 올라와요." 호들갑을 떨 만큼 기뻤다. 그러나 맨 밑에서 한 송이 꽃을 피우더니, 위에 달려 있던 봉오리들은 점점 시들어갔다. 아무래도 난의 성질을 알아채기에는 아직 멀었나 보다. 서운한 마음을 달래가며, 여기 저기에 난의 성향을 묻고 살피며 물의 양을 줄이고 잘 자라주기를 기도하는 사이에 다른 촉에서 꽃대궁 한 대가 쏘옥 돋아 올랐다. 잎이 기상있게 벋어 힘이 넘쳐 보이는 밑둥에서였다.

그런데 그 꽃대궁에 꽃송이 다섯 송이가 아래서부터 피어났다. 마디 마디에 투명한 이슬방울이 맺혀 있다. 새끼손가락으로 하얗게 대롱거리는 구슬 같은 액을 살짝 찍어 혀에 대보니 달콤했다. 은은한 향기를 한껏 퍼트리는 청정하고 우아한 난화를 바라보니 '끈' 식구들이 해맑은 웃음으로 어른거렸다. 사랑을 받은 만큼 답하느라 기를 쓰고 온몸을 불살러 맑고 깨끗한 향기를 풍겨주는 그 깊은 뜻을 누가 알까. 난을 기르는 건 기다림이라는 뜻도 알았다.

신선하게 품어내는 청향이 짙어갔다. '이래서 난을 키우는구나.' 새삼스레 난의 우아함에 마음조차 경건해졌다.

그윽한 멋과 향을 풍기는 난. 사람들은 난을 선비에 비유한다. 인적이 드문 심산유곡에 홀로 피어나, 명돈수행하는 선비의 자세와 같다 해서다. 또는 중용지덕의 식물이라고도 한다. 난향에 젖어 벽을 향해 돌아서면 묵난이 사철내내 빼어난 모양으로 거기에 있다.

10년 전, 운정이 보내준 문인화인데 가늘고 여린 난엽 사이에 꽃대가 정연히 빼어나 있다. 그 꽃줄기엔 위로 향해 활짝 핀 꽃, 비스듬히 반쯤 핀 꽃이 학처럼 피어 있다. 얼마만큼 난을 사랑했으면 저리도 품위 있는 난을 칠 수 있을까. 조용하고 덕성스런 운정의 미소가 난화처럼 피어난다.

올해 내내 건란으로 인해 복을 누리고 살았다.

난향이 점점 줄어들자 비로소 낙화하는 난꽃은 조금도 흐트러짐 없이 당당하다. 하나 둘 주워서 난화주를 담았다. 난화는 투명한 유리병에 담겨 지지 않고 피어 있다.

꽃이 진 꽃대궁을 끊어내니 신아가 뾰족하게 돋아났다. 이게 웬일인가! 네 대의 꽃대궁이 한꺼번에 솟아올라 꽃피울 준비를 하는 게 아닌가. 이만한 기쁨을 어디에서 얻으랴. 말 한마디 없이 꽃피울 날을 준비하고 있었다니. 마음이 설레이다 못해 흔들렸다.

난엽을 닦아주며 말없이 난을 바라본다. 몽실몽실 향이 묻어날 것 같다. 난처럼 향기 있는 삶을 살아가고 싶다.

꽃들도 사랑을 안다

꽃소식이 기다리고 있었다.

"선생님 저 L이예요. 차 한 잔 나누고 싶어 전화드렸습니다."

이웃에 사는 후배의 또렷또렷한 음성 초대장이었다.

작년 이맘때도 나를 불러내어 꽃잔치를 벌여줬는데, 어느새 철쭉꽃이 만발했나 보다. 봄마다 새로운 꽃이 방싯거리면, 이웃들을 불러들여 기쁨을 함께 나누는 그녀의 초대다.

다음 날, 그녀의 집으로 마실을 갔다. 현관문을 들어서는 순간 너무도 환상적인 꽃들의 미소에 입이 다물어지질 않았다.

베란다와 거실 곳곳에 정갈스럽게 놓여 있는 화분들에서 수줍은 듯 잔잔한 미소, 화들짝 반기듯한 미소가 번지고 있다. 오색 등을 켜놓은 것처럼 환하다.

그녀는 10년 넘게 꽃을 길러왔다. 웬만한 소재거리만 있으면 분재로 가꾸는 일은 전문인 못지 않다. 아파트에서 분재를 키운다는 건 쉬운 일이 아닌데도 그 많은 철쭉화분을 하나같이 깔끔하게 꽃을 피우게 하는 기술이 대단하다. 얼마큼 정성다해 보살폈을까.

형형색색의 옷을 입은 화분들. 자태도 가지각색이다. 독수리 발톱 같은 근상, 알맞게 자란 수고, 노거수 같은 줄기. 나무 형태는 달라도 화분마다 발랄하게 날 듯이 피어난 꽃잎이 흐드러졌다. 화사하고 곱다.

꽃을 한없이 바라보다가 그녀를 보니, 그녀가 참 장하게 보인다. 자식을 키우듯이 정성스럽게 키운 정을 꽃들도 아나 보다. 자식들이 부모에게 보답하듯이 꽃들도 보은의 정을 잊지 않고 피워준 것이다. 사랑이 담긴 물을 먹고 피운 꽃들. 사랑을 되돌려주듯 사람에게 기쁨을 선사하지 않는가. 환하게 내 얼굴이 펴지고 있다.

철쭉은 개량된 모습마다 새 이름을 달고 나온다. 귀공자, 여봉산, 성휘, 대배, 백련, 신대금, 화보, 자룡예, 도원월, 고사, 홍매금, 비위, 등등. 수백 종을 구별하는 건 고사하고 잎을 보면 그게 그거 같은데, 사람얼굴 다르고 이름 다르듯 철쭉꽃도 그렇단다.

한 종자의 나무에서도 오색 가지 꽃이 피어오르는 그 오묘함이 신비스럽다. 철쭉의 밝은 미소에 내 마음이 훵하게 비워진다. 싱글벙글, 소곤소곤, 꽃들의 언어가 들릴락말락 한다. 사랑만이 피울 수 있는 아름다움을 복 터지게 누렸다.

그녀는 집안 살림살이를 알뜰하게 한다. 게다가 사람들에게 무언의 친밀감을 나누어 준다. 흔하지 않은 꽃잔치를 보여줌과 더욱이 아름다운 심성을 우려낸 듯 감미로운 차를 대접해 주니 심신이 모두 편안해진다.

그녀가 기르던 화분 하나를 내 손에 쥐어준다. 몸이 제법 굵은 철쭉이다. 너무 고마워 얼떨떨해하는 내게 잘 길러 보란다. 선물이 너무 크게 느껴진다. 정성을, 몇 년의 정성을 받은 셈이다. 사 주기가 쉽지 가꾸던 걸 남 주기는 어렵다는데. 그걸 안고 오는 마음은 즐겁기도 하고 걱정스럽기도 했다.

우리 집 작은 베란다 정원에 몇 개의 화분이 있다. 삽목한지 얼마 되지 않은 철쭉묘목이 올망졸망하게 앉아 있다. 결코 화사하지가 못하다. 꽃망울이 맺혀 순도 집어주고 꽃 피울 준비를 도와주어도 꽃눈을 틔울 생각도 않고 비실거린다. 한 화분에서 미숙아 같은 꽃을 겨우 두서너 송이 피웠다. 그러나 다른 화분에서는 꽃 필 기미도 없었다. 꽃잎이 오글오글 제대로 이파리 모양도 못 내고 있기에 몸살인가 싶어 꽃잎을 따주고 다독거렸지만 결국은 시름시름거리다 아주 가고 말았다.

언젠가 분재를 사랑하는 분에게서 들은 이야기가 생각났다. "참, 멍청한 게 나무요. 물만 주면 사니까. 그러나 나무도 사랑을 먹어야 잘 산다는 것쯤은 알아야 해요."

그 말이 마음에 새삼스레 던져진다. 화초들의 성질도 모르고 그저 물만 주는 위험천만한 보살핌은 보살핌이 아니다. 철쭉의 본성은 과습을 싫어하는데 그걸 모르고 물만 주어댔으니 어찌 꽃인들 살아남겠는가. 과습에 그만 실패를 거듭했다.

작년 겨울엔 눈이 많이 내렸다. 어린 나무들이라 추위에 견디지 못할까 봐 온기가 많은 안에 들여놓은 것이 과잉보호가 되었다. 한겨울에도 눈옷을 입혀 매서운 찬바람과 왈츠를 출 수 있을 정도로 추위에 강하게 키우는 게 꽃을 피우는 비결이라는데. 배울 것도 참으로 많다. 꽃 한 송이 찬란하게 꽃피우기 위해서 말이다.

꽃들의 미소가 가득한 집은 곧 행복이 가득한 집이 아닐까. 사랑을 먹고 자라는 게 꽃이니까.

텅 빈 내 마음에 꽃들의 미소가 비집고 들어온다. 행복하다. 오늘 하루처럼 마음을 비우고 꽃을 사랑하는 법을 터득하는 기쁨이 행복이다.

매화향

입춘 날, 청매 한 송이가 꽃망울을 터뜨렸다. 마른 듯한 가지에 포르스름한 꽃망울이 몽울몽울 부풀어 가슴설레게 하더니, 드디어 꽃잎을 열어 푸릇푸릇한 향내를 품어낸다.

몇 해 전, 금구에 사는 친지로부터 선물로 받은 어린 분매 덕분에 베란다엔 벌써 풋풋한 봄이 가득하다.

하루에도 몇 번씩 들며 날며 매화 꽃내음을 마신다. 벙글거리는 유백색 꽃잎을 마주하면 미소가 절로 나온다. 매화가 피어난 요즘은 생활에 생기가 돈다.

며칠을 매화에 푹 빠졌다. 눈이 시리다. 그저 바라만 봐도 행복하다. 매향에 취해 난 나에게 속삭인다. 매화향이 마음에 배일 거라고.

오는 봄만 맞으려는 내게 봄맞이를 서두르라는 신호처럼 마침 아랫녘에서 매화 소식이 온다. 네 맘이 내 맘이고, 내 맘이 네 맘이라고 입을 모은 친구 몇이서 매화마을로 봄마중을 가기로 했다. 들뜬 마음을 가라앉히라는 듯 비가 보슬보슬 내리건만 오히려 한적함을 누릴 수 있어 더 좋다면서 길을 나섰다.

남원을 지나 구례 산동마을로 접어들자 노란 산수유꽃이 반긴다. 만개하지 못해선지 더 그윽한 노란색 너울을 펼치고 있다. 노리끼리한 꽃숭어리 사이로 가랑비가 조용히 내려온다. 고목이 된 산수유나무 아래엔 냉이, 달래, 꽃다지 등 풋풋한 봄나물이 돋아났다. 꽃다지는 가느다란 꽃대를 올려 금방이라도 하얀 꽃을 피울 기세다. 고즈넉한 돌담에는 파란 이끼가 물을 머금고서 보드랍게 퍼져 있다. 사람의 발길이 뜸하니 우리들은 산수유 꽃잔치를 여유만만하게 누린다.

도도하게 흐르는 섬진강을 끼고 가는 오래된 마을길은 다정스럽기만 하다. 가로수 벚나무는 물을 머금어 꽃망울이 통통 부풀어 있다. 섬진강 물살 위에 오리, 백로가 노니는데 물길 가상에 개간지엔 파릇파릇한 보리가 자라고 있다. 오랜만에 바라본 이런 시골 풍경은 정겹기조차 하다.

구불구불 한가한 시골길에 직박구리가 이따금 날다가 사라지고 길가 언덕진 곳마다 복분자, 찔레꽃 새순이 파릇파릇 돋아나고 있다. 이 산 저 산 곳곳에 매화가 하얗게 펼쳐 있다. 눈을 옮겨도 매화가 거기에 있어준다. 달리는 차창 밖은 온통 홍매, 백매, 청매가 사이좋게 어우러져 있다. 향기는 또 얼마나 진하랴. 고운 물감에 향수를 풀어 뿌린 듯, 꽃색에 취하고 향기에 취했다.

드디어 매화마을. 전남 광양군 다압면, 홍쌍리 여인이 열정으로 일군 청매실 농원이다. 비가 와도 아랑곳없이 사람들이 북적거린다.

농원의 휴게실에서 매화로 만든 매실음료, 매실장아찌, 매실강정을 시식했다. 매실로 만든 게 한두 가지가 아니다. 꽃보다도 열매를 이용한 식품개발과 연구가 점점 다양해지고 있다. 매실은 매실나무가 사람에게 베푸는 덕이다.

해마다 김시인이 보시하던 매화차 생각이 난다. 처음 매화차를 대했을 땐 너무도 신기했다. 찻잔에 띄워준 마른 꽃봉오리가 한 잎 한 잎 벙글어져 동동 찻물 위에서 피어난다. 눈으로 보랴, 흠향하랴, 찻잔에 핀 아름다운 매화를 보는 순간 마음이 뭉클했다. 차마 마시기도 아까운 매화차 한 모금에 마음이 가라앉는다. 김시인이 말하기를 매화차는 눈으로 먼저 마시고, 향으로 마시고, 마음으로 마신다 하더니 정말 그대로였다. 매화향기를 나누는 즐거움이란 마음을 씻는 데 있다고 할까. 정성스레 마련한 매화차를 가족들에게도 맛보이라며 한줌씩

싸 주는 속정에서도 매화향이 묻어난다.

백운산 자락의 둔덕에 백설이 살포시 내린 듯하다. 이 풍경을 무릉매원경이라 할 만하다. 섬진강 건너 언덕에도 매원경이니 천지간에 매화향이다. 마셔도 마셔도 맛있는 매향. 한나절이 행복하기 그지없다. 병풍처럼 빙 둘러진 매화나무 숲을 거닐었다. 매화향이 술렁인다. 늙은 어머니 같은 고목에 핀 매화가 더욱 아름다워 보인다. 발걸음을 멈추고 서성이니 어디선가 휘파람새 소리가 들리는 듯하다. 사람들의 소란스런 움직임도 짜증스럽지 않다. 그저 매화향기와 매화꽃에 취한 마음들이 모두 곱다.

봄나들이에서 내 마음을 흔들던 매화가 마음에 뿌리내려 내게서도 매화꽃 한 송이 피워냈으면 좋겠다.

축구 대결

2006년 독일 월드컵이 끝난 지 보름쯤 되었을 때다. 다섯 살짜리 손자가 왼쪽 옆구리에 축구공을 끼고 들어온다. 벙글벙글 웃으며 우쭐대는 게 아주 기분좋은 모습이다. 아마 축구공을 사자마자 자랑삼아 곧바로 들고 온 모양이다. 아니나 다를까, 신발을 벗기가 바쁘게 들어오더니 할아버지를 찾는다.

"할아버지 할아버지, 우리 축구해요."

월드컵 기간 내내 이종형들과 축구를 하고 응원도 하면서 열광하더니 드디어 축구공까지 사 들고 왔다. 할아버지가 응

수를 아니 할 수 없게 되었다.

장난감 공으로 주고 받으며 놀던 재미를 잊지 않았는지 제법 다부지게 나온다. 아파트 집안에서 축구를 하자니 난감해하는 할아버지. 벽면엔 유리 액자, 유리문 등 공이 닿으면 깨질 것들이 있어 조심스러워하는 할아버지와 손자녀석은 실랑이를 벌인다. 그래도 아파트의 1층이어서 남의 집에 피해를 주는 일은 없을 테니 다행이라고 할까. 궁리 끝에 안전한 벽쪽에 골문을 표시하고 승부차기를 하기로 했다.

"할머니, 할머니는 심판이에요."

졸지에 생각지도 않은 축구심판이 되었다.

"할아버지, 할아버지는 프랑스고요, 난, 한국이에요."

할아버지는 골키퍼 포즈를 취하며 단단히 막아낼 기세다. 손자 녀석이 만만치 않은 자세를 취하더니 오른발을 쭉 내밀며 공을 할아버지 앞으로 찬다. 좁은 공간의 골문이니 공이 들어갈 리 없다. 다음은 할아버지 차례다. 다섯 살짜리 손자가 할아버지의 공을 막아낼까 의심스러울 정도로 게임이 될 수 없는 광경이다. 할아버지도 조심스럽게 손자를 향해 공을 차지만 노골이다. 생각보다 유연하고 노련하게 공을 막아내는 녀석의 모습이 대견스럽다. 공을 막아낸 녀석이 두 주먹을 불끈 쥐며 이운재 키퍼의 포즈를 취한다.

"난, 한국 이운재에요. 잘 막았죠?"

0대 0. 두 번째 승부차기다. 할아버지가 키퍼를 할 자세를 취한다. 내가 할아버지를 향해 다리를 쭉 벌리라고 했더니 눈치 빠른 녀석이 할아버지 다리 사이로 공을 차 넣는다. 심판인 내가 골을 인정했다.

"골, 골–"

기세등등한 손자녀석이 1대 0 이라며 좋아한다.

할아버지와 번갈아가며 공을 찼으나 쉽게 공을 넣지 못했다. 5회 모두 노골이다. 결국 할아버지와 손자의 득점은 0대 1로 손자 '승'으로 끝났다.

이기는 법만 알고 지는 법을 모르는 손자녀석에게 이기면 질 줄도 알아야 하는 법을 깨우치게 하기 위해 할아버지가 도전을 했다.

"그럼, 할아버지는 포르투칼, 나는 한국이에요."

골문을 다른 곳으로 하고 다시 게임을 시작했다. 할아버지와 손자의 한 치도 양보 없는 공차기는 장관이다. 언제 연습을 했는지 뒤로 공을 차내고 다시 잡아내는 묘기도 그럴 듯하다. 그런데 그 때, 할아버지가 찬 공이 유리문에 닿았다.

"할머니, 할머니 엘로우 카드예요."

난 입으로 호루라기를 부는 흉내를 하며 연두색 손수건을 내보였다. "할머니, 노란색 카드예요."

축구를 즐기는 줄만 알았더니 규칙까지도 알고 있는 게 아닌가. 축구경기를 TV 관람하면서도 이미 축구에 대한 지식을 습득하고 있는 걸 알 수 있었다. 아이는 이렇게 성장하는 것이다.

이번에는 승부차기에서 할아버지가 1대 0으로 이겼다. 녀석의 표정이 심상치 않더니 볼멘 목소리가 튀어나온다.

"할아버지, 내가 크면 할아버지한테 져 줄 판인데 할아버지가 이기면 어떻게 해요. 오늘은 1:1 무승부예요."

승부욕이 강한 녀석이 마음속으로 안도의 숨을 쉬는 듯했다. 제 집에서는 아빠와 승부차기에 지면 곧바로 삐쳐버리고 울어버린다기에 '화인 플레이'를 하는 선수가 진정한 승자라는 걸 일깨워주고 싶었다. 그래서 이기면 기뻐하고, 질 때는 이긴 편에 축하해주는 게 진짜 선수라고 했더니 고개를 끄덕인다. 지면서도 이기고 이기면서도 지는 축구의 묘미를 알고 따뜻하고 씩씩한 아이로 자랐으면 좋겠다.

"할아버지, 지단이 박치기 했어요. 그래서 퇴장 당했어요."

"그래, 바로 그거야. 모든 운동이나 놀이에서 지거나 화난 일이 있어도 절대 성질내고 삐쳐서는 안 되는 거야."

무엇이든 먼저이고, 1등을 고집하는 녀석에게 축구를 즐기며 자연스럽게 승부에만 집착하지 않아야 한다는 걸 이해시키는 기회가 되어 다행이지 싶었다.

요즈음 축구를 싫어하는 아이들이 있을까만, 2002년 대한민국 월드컵 해에 태어나서 그런지 유난히 축구를 좋아하는 것 같다.

온 국민이 하나로 뭉쳐 열광하는 모습을 보면서 축구에 꿈을 갖고 있는 것일까. 축구를 좋아하는 녀석의 입에서는 자연스럽게 축구의 명장면이 묘사되어 나온다. 아나운서가 되었다가 해설자가 되었다가, 해설을 곁들인 축구중계를 하면서 심심치 않게 혼자서 축구를 즐길 줄도 안다. 손자녀석의 꿈이 언제까지 지속될지 모르지만 할아버지와의 즐거운 한때를 추억으로 간직하고, 축구공처럼 둥글둥글 넉넉한 품성으로 건강하게 자라가면 좋겠다.

❑ 발문

세월이 이어준 인연

김용옥 시인

한 사람을 제법 잘 안다는 일이 있을 수 있을까? 비록 어느 부분에서 의기투합한다 해도 말이다. 게다가 서로 지인이 된 세월에 비례하여 깊이 속속들이 알 수 있다면 좋으련만, 그런 일은 거의 불가능한 일이다. 사람은 백 명을 대하면 백 가지 모습일 수 있으며 천 명을 만나면 천의 얼굴로 기억될 수 있다. 대상을 자기 그릇이나 인식에 따라 제각각으로 기억하는 게 사람의 한계이다. 순한 사람이 비겁한 사람일 경우가 흔하고 착한 사람이 어리석기 짝없는 일을 저지르기 쉽지 아니한가. 그게 다 사람을 인식하고 판단하는 사람의 기준에 따라 한 사람을 다르게 바라보는 눈이 가능하다는 얘기다. 사람에 따라 나를 요지가지로 바라보듯이 나도 타인을 내 시각으로 바라본다.

이렇게 장황한 서두를 늘어놓는 까닭은, '사람'에 대한 글 한 편을 쓰고자 할 때마다 막막함을 느꼈기 때문이다. 그런데 또 '사람'을 쓸 일이 생겼다. 꼭 쓰고 싶으면서도 골이 우지끈할 정도로 답답하고 폭폭하다. 거짓양념을 치고 눈요기 장식을 얹는 일을 못할 뿐 아니라 별로 아부나 간살을 떨지 못하니 어쩌겠는가. 분수에 맞지 않는 칭찬이 널부러진 발문을 어찌 쓰랴.

인간을 이야기해야 하는 이런 글쓰기를 회의한다 해도 지금 나는 써야 한다. 수필가 김연주 선생이 건강하고 복된 고희를 맞이하여 수필집 '세월이 바람처럼 흘렀다'를 상재하기 때문이다. 그의 인생에 가장 은은하고 고운 꽃을 피우는 일. 나는 마냥 박수를 드리며 그와의 오랜 인연을 추억하고 싶은 것이다.

못말리는 선생님

1992년, 16년 전. 임실 관촌초등학교 교사인 김연주 선생은 전주주부클럽 문예대학 야간반에 수강신청을 했다. 날씬하고 예쁜 선생님은 개성있고 문학적이라는 느낌보다 정갈하고 성실한 인상이었다.

그는 목적이 있는 수강자였다. 매주 수업 30분 전 쯤에 어린이 문예작품을 들고 와 첨삭의 수정을 바랐다. 나는 저녁밥을 먹는 둥 마는 둥, 짜증을 꿀꺽 삼켜가며 아이들의 원고를 교정

한 후에 강의를 했다. '밥 먹을 땐 개도 안 건드린다는데…'라는 속생각을 한숨으로 넘기며, '자기 목적을 위해선 저만한 열성이 있어야지' 하고 긍정적으로 보려고 애썼다.

아무리 아이들의 보잘것없는 글이래도 정신을 집중하지 않으면 글자 한 자 고쳐내기도 어렵지 않은가. 오죽하면 글에 있어선 '글자 한 자의 스승'이라고 했겠는가. 이런 식으로 인연을 이어가야 하나 싶으면 자신이 어리석고 초라하기 그지없어져서 소화불량이 되기도 했다. 그런 밤이면 후배와 '시인과 농부'에 앉아 진토닉을 홀짝거리며 유행가를 목놓아 부르기도 했다.

그러나 그는 매주 한결같았다. 그건 곧 그의 성실성이고 끈기고 상승의 욕망이었다. 그렇게 시작된 그의 글공부는 급기야 본인의 표현욕구로 전향되었고, 그 일에 있어서도 그는 놀라운 성실성과 노력으로 수필가가 되어갔다. 그는 좋은 목적이 있는 좋은 인생을 가꿀 줄을 알았다.

배울 줄 아는 사람

김연주 선생은 참 덤덤하게 느껴지는 사람이다.

문학을 하고자하거나 할 만한 사람은 대개 어떤 시련이나 끼가 있든지 지식의 잡식성인 사람이어야 한다고 생각하는 나에게 그는 밍숭맹숭 별 건더기가 없어 보였다. 영화, 음악, 미술, 여행, 과학이라든가 특별한 독서취미나 연예담 하나도 흘러나오지 않았으니까. 어린이와 교사로서의 그저 그런 관계밖에는 별미가 느껴지지 않았다. 나름의 어떤 줄을 그어놓고 그 줄 밖으론 한 걸음도 내딛지 않는 범생이 인생이랄까. 최선 끈기 노력에 뛰어난 반면 열정 감각 영감 같은 게 특별난 사람이 아니다.

백설이 만건곤한 겨울날, 정읍군 내장사로 '알밤 끈' 동인들과 눈길을 걸었다. 내장저수지 옆 '정읍사 동산'에서 백제여인의 동상과 일별하고 정읍출신 박정만 시인의 시비 앞에서 묵념하고 '산 아래 앉아'를 청아하게 낭송했다. 눈밭에 토끼처럼 깡총거리기도 하고 나뭇가지 흔들어 눈벼락놀이도 해 보는 사이에 김연주 선생은 어느새 메모지와 볼펜을 만나게 하고 있었다. 생각나는 대로 눈에 띄는 대로 동식물의 이름도 말하고 관계된 사연을 들려주노라면 그는 무언가를 기록하고 있는 것이다. '똑똑한 머리의 기억력보다 무딘 연필이 낫다'고 일침 놓듯 가르치는 선생의 말을 새겨듣고 잘 실천하는 사람이다. 그의 메모엔 어김없이 뿌리와 살이 올라 한 편의 알진 수필이 되곤 했다. 그는 열매를 맺을 줄 아는 사람이다. 나들이 때마다 동행한 값을 톡톡하게 거두었다. 이런 일은 그가 얼마나 겸손하고 진실한지를 드러내는 일이다.

자신이 독서량도 적고 부족하다고 인정하고 하나라도 더 배우고자 노력하는 그의 정신이 바로 작가적 태도요 작가정신이다. 한 가지 단어를 적합하게 쓰기 위해선 한 권의 책을 읽어야 하기도 하고 1분 읽을거리를 위해 수많은 시간을 뒤척이어야 하는 사람이 작가다.

그는 배움이 체질화된 사람이다. 아이들을 잘 가르치기 위해 리코더를 배우고 문예를 배우고 특수아를 지도하기 위해 수화를 배우더니 노년엔 봉사하기 위해 구연동화를 배웠다. 이런 일들은 모두 한 꼭지의 글이 되고 그의 인생이 되었다.

복을 짓는 사람

그는 글과 사람이 한통속이다. 그는 겸손하므로 잘 배울 수 있고 인생을 볼 줄 아는 눈과 들을 수 있는 귀를 가졌다. 매화 잔치, 난화놀이, 연꽃나들이도 그의 연필로 아름답게 피어났다. 그의 글의 독자인 나는 그의 인생을 존경한다. 그의 삶을 이슬비에 옷 젖듯이 지켜보면서 인생길의 지팡이가 되는 지혜를 배웠다.

그 하나는, 비록 철없고 분별없는 어린이일지라도 제대로 잘 가르치기 위해선 끊임없이 공부해야 한다는 것. 그 둘은, 남을 가르친다는 것은 거듭 배우는 일이라는 것. 다양한 사람을 상대하여 배우고 가르치기 위해선 그냥 지나쳐온 단어 하나에도 새로운 생각, 다른 각도의 사상을 접목하여 깊고 넓게 사유해야 한다. 스스로 열성적인 학생이 되어 사람과 인생에 대해 여러 방향으로 천착하고 이해하고 변화 발전해야 한다.

그는 겉치레나 의도적인 예의를 갖추느라 허례를 하지 않는다. 진심이나 예의가 아닌 것을 발설하거나 행동하지도 않는다. 비꼬거나 감춰서 남의 뒷덜미를 껄끄럽게 하는 일도 없다. 호들갑스럽거나 게으르지 않다. 오직 성실과 노력과 인내로 자기와 인생을 '보기 좋게' 가꿔낸 사람이다. 이 어찌 부럽지 않고 본받고 싶지 않으랴. 그의 글에선 그의 그러함 곧 은은하고 조용한 향기가 은근슬쩍 풍겨난다.

글, 그것도 수필을 쓴다는 것은 자기의 속내와 인생살이 이면을 드러내놓는 일이기도 하다. 그러니 때로는 잘못의 고백이며 사죄이기도 하고 때로는 자기만족 내지 과시가 되기도 한다. 이렇게 콩팔칠팔 자잘못을 주절거릴 수 있는 것이 수필의 좋은 점이기도 하다. 짜잔한 체험까지 질펀하게 늘어놓은 수필을 잡기라고 폄하하면서도 어떤 이는 그런 수필을 진실하다고 선호하기도 한다. 작가 나름이요 평가자 나름이다.

그런데 말이다. 재료 없이 맛있는 반찬을 당초 만들 수 없고 솜씨 없이 재료만 늘어놓아도 반찬이 될 리가 없다. 재료에 요지가지 양념과 손맛이 아주 유효적절하게 버무려져야 한다. 어떤 이는 그 틀을 고정관념인 양 벗어던진답시고 재료와 재료를 다스리는 방법만 부지기수, 왈가왈부로 늘어놓아 지레 짜증나게 한다. 이렇게 말하기는 쉬워도 실제로 자알 쓰기는 참 어렵고 힘든 일. 그래도 인생이 어쩌고저쩌고 개똥철학이라도 늘어놓는 글쓰기보다 실제로 개똥철학을 실천궁행하며 인간적인 인생을 잘 살아내기란 진짜로 고되고 어렵다.

그런데, 그런데 말이다. 김연주 선생은 '보기 좋게' 인생을 잘 살아냈다. 오랜 세월 내내 복을 지어왔기 때문이다. 그가 복을 지어 왔으므로 복이라는 상급을 받은, '복 받은 인생'이 된 것이다.

살아갈 모든 날들이 복을 짓는 날이 되기를 두 손 모두어 빕니다.

□ 축하드립니다

소소한 기쁨을 주시네요

이현애 시인

김연주 선생님과 인연이 닿은 후 세월을 보낸 지 어언 30여 년이다. 그 긴 세월동안 같은 교사로서 걸으며, 여럿 자녀를 둔 사람끼리 동병상련을 이해했다고 할까요.

선생님은 언제나 내 인생의 선배입니다. 무엇이든지 지나침이 없이 지혜롭게 살아오셨으니 본받고 싶은 분이지요. 성인이 되어 50성상이라면 부대끼는 사연이 어찌 없으랴만, 어느 한 걸음도 잘못디디는 일 없이, 청보리같이 짱짱한 기상으로 걸어오셨습니다. 그런데도 만면에 보살 같은 웃음을 머금고 사십니다. 마치 향기로운 뜰을 걷고 있는 듯이. 이런 분을 곁에 두고 이따금 대할 수 있는 것만으로도 기쁜 일입니다.

누구랄 것 없이 현대인은 모성의 빈곤감에 허기를 느끼며 산다고 합니다. 특히 직장을 가진 여성의 콤플렉스이기도 하지요. 그런데 김연주 선생은 두 아들, 두 딸을 튼튼한 지성인으로 양육하셨습니다.

또 선생님은 한 사람의 생활인으로서 조금도 부족함이 없이 올곧게 살아오셨습니다. 하시는 생각, 실천하는 일마다 존경의 염을 보내지 않을 수 없습니다. 직장인으로서 최선을 다한 후, 현재에도 배움과 봉사에 분주한 일상을 보내고 있답니다. 자그마한 체구에 연약해 보이는 몸인데 그런 열정과 체력이 어디서 돋아나오는지 놀라울 뿐입니다.

함께 글쓰기 공부를 시작한 지도 10여년. 얼마나 엄격한 자기 수련을 하시는지, 그의 끊임없는 작품 생산을 보면 감탄할 수밖에 없습니다. 더러 동행하여 산사나 유적지, 문화공간으로 나들이를 할 때마다 그는 어김없이 기록을 합니다. 허탕치거나 내버리는 공부가 아니라 반드시 좋은 글로 열매를 얻는 셈이죠. 첫 산문집 ≪마음밭에도 풀꽃을 심어≫를 상재한 지가 엊그제 같은데 두 번째 고희 문집을 발간하신다니, 그 열정에 부러움의 박수를 보냅니다.

이 세상을 살아가면서 본받을 친구 하나 얻으면, 그것이 좋은 인생이라는데 나는 그런 분을 가끔 만나며 살 수 있어서 소소한 기쁨을 누리는 셈입니다.

부디 선생님의 건강이 변함없고, 삶에 대한 탐구심이 여전하여 꿈꾸는 일마다 봄빛처럼 두루 빛나기를 바랍니다.

선생님.

햇빛이 환하게 비쳐드는 마루에 앉아 담백한 우전차 한잔 우려 드리고 싶습니다.

김연주 선생님은

임숙례 수필가

누군가를 한 마디로 말할 수 있을까요? 어떤 사람들은 그렇게 잘 표현하기도 합니다. 그러나 김연주 선생님을 한 마디로 표현하기는 정말 어렵습니다. 내 능력 부족이라기보다 김연주 선생님의 다양한 장점 혹은 배우고 싶은 점 때문입니다.

면전칭찬이 되겠지만 그래도 하렵니다.

김연주 선생님은,

좋은 일이 있으면 나누고 싶어 합니다. 여럿을 위한 일이라면 흔쾌히 동의하는 성품이면서도 심지가 곧은 분입니다.

본인과 가정을 가지런히 다스리는 현모양처이십니다. 큰아들이 군입대하여 훈련받는 기간 60일 동안 내내 하루도 거르지 않고 편지를 써서 책으로 엮어, 아들에게 위로와 용기를 준 내공이 꽉 찬 어머니입니다.

그런가 하면 교육현장에서 제자들의 심리까지 헤아려 다독여 길러내시더니, 퇴직 후에도 문맹 노인들에게 한글을 깨우쳐주랴 어린이들에겐 동화구연으로 봉사활동을 하랴 바쁜 분입니다.

그래서일까요? 김연주 선생님에게선 풋풋한 풀냄새가 나고 자태는 풀꽃처럼 해맑답니다. 칠순이신데도 음성이 아이들의 목소리처럼 맑고 밝으며 생기가 흐릅니다. 선생님을 뵈면 정신이 듭니다.

후배들에게도 흐트러진 언행이 없이 깍듯하게 대하며 종종걸음으로 동분서주하면서도 알뜰하게 글을 써서 인생을 잘 갈무리 합니다.

어느덧 선생님과 인연을 맺어 16년. 같은 시대의 여성으로 가슴에 같은 꿈을 품었는지 우린 글벗으로 만났지요. 선생님은 늘 내 삶의 지표가 되었고 닮고 싶습니다.

김연주 선생님.

오래오래 건강하셔서 풀꽃향내 솔솔 풍겨주세요.

김연주 수필집

세월이 바람처럼 흘렀다

인　　쇄 / 2007년 7월 16일
발　　행 / 2007년 7월 27일

지 은 이 / 김　연　주
펴 낸 이 / 서　정　환
펴 낸 곳 / 신아출판사

출판등록 / 1984년 8월 17일 제28호
주　　소 / 전주시 완산구 태평동 251-30
전　　화 / (063) 275-4000 · 252-5633
팩　　스 / (063) 274-3131
홈페이지 / http://www.shinapress.com
전자우편 / sina321@hanmail.net
shina321@chol.com

값 8,000원

ISBN 978-89-5925-234-3 03810